T0129768

essentials

essentials liefern aktuelles Wissen in konzentrierter Form. Die Essenz dessen, worauf es als „State-of-the-Art" in der gegenwärtigen Fachdiskussion oder in der Praxis ankommt. *essentials* informieren schnell, unkompliziert und verständlich

- als Einführung in ein aktuelles Thema aus Ihrem Fachgebiet
- als Einstieg in ein für Sie noch unbekanntes Themenfeld
- als Einblick, um zum Thema mitreden zu können

Die Bücher in elektronischer und gedruckter Form bringen das Expertenwissen von Springer-Fachautoren kompakt zur Darstellung. Sie sind besonders für die Nutzung als eBook auf Tablet-PCs, eBook-Readern und Smartphones geeignet. *essentials:* Wissensbausteine aus den Wirtschafts-, Sozial- und Geisteswissenschaften, aus Technik und Naturwissenschaften sowie aus Medizin, Psychologie und Gesundheitsberufen. Von renommierten Autoren aller Springer-Verlagsmarken.

Weitere Bände in der Reihe http://www.springer.com/series/13088

Michael Kleinjohann

Marketing-kommunikation mit Acoustic Branding

Planung, Einsatz und Wirkung von Stimme, Ton und Klang für die Corporate Identity

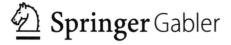

Michael Kleinjohann
International School of Management (ISM)
Hamburg, Deutschland

ISSN 2197-6708   ISSN 2197-6716   (electronic)
essentials
ISBN 978-3-658-29988-0   ISBN 978-3-658-29989-7   (eBook)
https://doi.org/10.1007/978-3-658-29989-7

Die Deutsche Nationalbibliothek verzeichnet diese Publikation in der Deutschen Nationalbiblio-
grafie; detaillierte bibliografische Daten sind im Internet über http://dnb.d-nb.de abrufbar.

Planung/Lektorat: Imke Sander
Springer Gabler ist ein Imprint der eingetragenen Gesellschaft Springer Fachmedien Wiesbaden
GmbH und ist ein Teil von Springer Nature.
Die Anschrift der Gesellschaft ist: Abraham-Lincoln-Str. 46, 65189 Wiesbaden, Germany

Was Sie in diesem *essential* finden können

- Ziele, Charakteristika, Wirkungen und Praxisbeispiele von Acoustic Branding
- Definitionen und Beschreibungen der Acoustic-Branding-Elemente Audiologo, Brand Voice, Brand Music, Jingle und Soundscape
- Einsatzfelder von Acoustic Branding in Werbung und am Point of Sale, bei Events und Messen, in Restaurants und Hotels sowie in Bots, Apps und Telefon-Hotlines

Vorwort

Musik, Stimmen, Geräusche, Töne und Klänge beeinflussen neben anderen sensuellen Eindrücken das Leben von Menschen nachhaltig. Und ebenso das Erleben von Produkten und Dienstleistungen durch Konsumenten. Denn auch in der Kommunikation zwischen Unternehmen und Marke einerseits und Konsumenten und Kunden andererseits macht der richtige Ton die Qualität der Beziehung aus. Acoustic Branding bietet Unternehmen im Rahmen integrierter Marketingkommunikation ein wichtiges Instrumentarium. So setzen erfolgreiche Unternehmen und kreative Agenturen in der Kommunikation neben Grafik, Schrift oder Farbe auch Ton, Stimme oder Musik ein, um werbliche Botschaften akustisch zu verstärken, Produkte oder Services auditiv erlebbar zu machen und Marken emotional aufzuladen.

Die Einsatzfelder von Audiologos, Jingles oder Brand Music als Teil einer identitätsbasierten und multisensuellen Kommunikation der Corporate Identity oder Brand Personality sind ebenso vielfältig wie die Touchpoints von Unternehmen mit der Zielgruppe zahlreich sind: Sei es analog kommuniziert oder digital transportiert, sei es als charakteristischer Markenklang in Werbespots oder als persönlichkeitsstiftende Brand Voice in Bots und Apps, als kaufaktivierender Sound am Point of Sale oder als entspannender Hintergrund-Klangteppich in der Gastronomie, als Identifikationstonalität auf Messeständen oder als Unternehmensevents strukturierende Signale.

Unternehmen geben mit einer auch akustischen Markenführung Konsumenten auf der Customer Journey sensuelle und emotionale Ankerplätze. Mit Acoustic Branding helfen Unternehmen ihrer Zielgruppe, sich affektiv und kognitiv im inflationären Marken-Markt durch eine weitere charakteristische, auditive „Brand Experience" zu orientieren. Musik, Stimme und Töne unterstützen potenzielle Kunden, Produkte und Services als „Brand Personality" umfassender und emotionaler wahrzunehmen und im Zusammenspiel mit anderen sensuellen Markeneigenschaften ganzheitlicher, vielfältiger und nachhaltiger zu erinnern. Und damit Unternehmen Marken klarer und eindeutiger zu kommunizieren und wirkungsvoller zu positionieren.

Ich wünsche Ihnen eine inspirierende Lektüre, die Ihnen aufzeigen soll wie sinnvoll und einfach Acoustic Branding in der strategischen und operativen Marketingkommunikation Ihrer Marke einzusetzen ist.

Hamburg   Michael Kleinjohann
im März 2020

Inhaltsverzeichnis

Über den Autor

Prof. Dr. Michael Kleinjohann ist Professor und Studiengangsleiter Marketing & Communications Management an der International School of Management sowie Inhaber der Agentur freshmademedia publishing & consulting.

Marketingkommunikation mit Acoustic Branding

1

1.1 Identitätsbasierte und multisensuelle Markenführung

Unternehmen, Produkte, Dienstleistungen und ihre Marken sind in ihrer Erscheinung und Wahrnehmung als Persönlichkeit mit typischem Charakter und vielfältigen Merkmalen ebenso wie Menschen gekennzeichnet und darstellbar. Diese idealerweise unverwechselbare Markenpersönlichkeit und unique Markenidentität wird für Unternehmen als „Corporate Identity", für Produkte oder Services als „Brand Personality" definiert. Mithilfe der Marketingkommunikation vermitteln Unternehmen diese menschenähnliche „Markenidentität" gegenüber den Konsumenten als „funktionales und nicht-funktionales Nutzenbündel" (Burmann et al. 2015, S. 28). Von der adressierten Zielgruppe wird dieses als „Ergebnis einer individuellen, subjektiven Wahrnehmung und Dekodierung aller von der Marke ausgesendeten Signale" als „Markenimage" rezipiert (Burmann et al. 2015, S. 56).

Diese Signale der Marke sollten zur Identitätsstiftung und -pflege nicht nur strategisch langfristig, eindeutig, klar und konsistent gesendet werden. Mit den Konsumenten sollte dabei kognitiv wie affektiv auch mit möglichst vielfältigen Sinneseindrücken kommuniziert werden, um sie über alle Sinne hinweg für die Marketingziele des Unternehmens zu aktivieren. Den Sinnesorganen Augen („optische Eindrücke"), Nase („olfaktorische Eindrücke"), Haut („taktile Eindrücke"), Zunge („gustatorische Eindrücke") und Ohren („akustische Eindrücke") kommt damit nicht nur einzeln oder in Summe Bedeutung zu (Burmann et al. 2015, S. 235). Zwar empfängt und verarbeitet jede der sechs Sinnesmodalitäten in ihrem spezifischen Zeichensystem die Signale, die Gefühle hervorrufen oder Erlebniswirkungen auslösen. Da aber dabei die menschlichen Sinnesorgane nicht getrennt voneinander, sondern kombiniert und sich ergänzend Reize wahrnehmen, fügen sie diese in einer „Synästhesieverknüpfung" zu einem ganzheitlichen Bild von Unternehmen, Produkt oder Dienstleistung als Markenimage zusammen (Esch 2018, S. 25; Kilian 2007a, S. 217–225; Traindl 2010, S. 287–293).

So belegen empirische Erfahrungen und diverse Studien, dass die Wirkung von Werbung in der Zielgruppe umso höher ist, je vielfältiger die Erlebbarkeit der Marke ist und je mehr Medienkanäle eingesetzt und Sinne angesprochen werden (Esch 2018; Kilian 2007a, b; Lindstrøm 2011; Steiner 2017). Diese „Multisensorische Markenführung" ist zudem insbesondere auch aufgrund von aktuellen Nutzungstrends und Technologieentwicklungen in der konvergenten audiovisuellen Mediennutzung von Konsumenten wichtig (Engel und Meys 2018).

Die Kombination der sensitiven Kommunikationskanäle macht also in der identitätsbasierten Marketingkommunikation die „Musik". Acoustic Branding als akustische Markenführung ist damit ein wichtiges Element im Portfolio einer integrierten multisensuellen Marketingkommunikation.

1.2   Akustische Markenführung

Unter akustischer Markenführung wird der Managementprozess der Analyse, Planung, Durchführung und Evaluation von Acoustic Branding verstanden. Acoustic Branding, Sound Branding, Audio Branding, Sonic Branding, Corporate Sound oder Corporate Audio sind Begriffe, die im Zusammenhang mit dem Einsatz von akustischen Reizen im Rahmen der Markenkommunikation als Corporate Design häufig synonym verwendet werden (Götz 2011, S. 13; Lehmann und Westermann 2018, S. 127). Die semantisch unterschiedlichen Begrifflichkeiten bezeichnen allesamt inhaltlich identisch den Prozess, mit akustischen Elementen in der Kommunikation die Marke eines Unternehmens, eines Produktes oder einer Dienstleistung zu definieren, charakterisieren, positionieren oder gestalten.

Im Rahmen einer identitätsbasierten und multisensuellen Markenführung formt Acoustic Branding als Bestandteil des Corporate Designs als geschlossenes gestalterisches Managementsystem das identitätsstiftende akustische Auftreten und auditive Erleben von Brands. Neben den weiteren Elementen des Corporate Designs wie Optik (Wort-Bild-Marke, Farben, Typografie, Bildwelten), Olfaktorik (Duft), Gustatorik (Geschmack) oder Haptik (Textur) sorgt Acoustic Branding als akustisches Element für einen ganzheitlichen Markenauftritt an den Touchpoints mit den unterschiedlichen Konsumentengruppen. Ziel von Acoustic Branding ist es, die Identität des Unternehmens akustisch zu transportieren und durch die sensuell spezifisch eingesetzten Elemente die Corporate Identity hörbar zu machen. Acoustic Branding ist daher ein integraler Bestandteil von Corporate Design und kommunikativer Markenführung und bedarf einer systematischen, strategischen und operativen Planung, Umsetzung und Evaluation (Kilian 2007a). Grundsätzlich wird zwischen Markenklang, Produktklang und Funktionsklang unterschieden (Steiner 2018, S. 87). Abhängig davon, ob Sound Branding auf ein Unternehmen (Corporation) oder eine Marke (Brand) angewendet wird, spricht man von Corporate Sound oder Brand Sound. Das Resultat der bewussten akustischen Gestaltung eines Produktes (z. B. Menüführung von technischen Geräten, Klang des Fahrzeugmotors) wird als Product Sound bezeichnet.

„Allen akustischen Markenelementen gemeinsam ist, dass sie emotional wirken und das Wiedererkennen auch jenseits der Aufmerksamkeit und außerhalb des Gesichtsfeldes ermöglichen. Der ungerichtete Hörsinn nimmt im Umkreis von 360 Grad vertikal, horizontal und selbst hinter Hindernissen alles wahr, was in seiner Umgebung anklingt" (Kilian 2012, S. 30).

1.3   Exkurs: Hörmarke

Das deutsche Markengesetz (MarkenG) definiert in § 3 Abs. 1 eine Marke wie folgt:

> „Als Marke können alle Zeichen, insbesondere Wörter einschließlich Personennamen, Abbildungen, Buchstaben, Zahlen, Hörzeichen, dreidimensionale Gestaltungen einschließlich der Form einer Ware oder ihrer Verpackung sowie sonstige Aufmachungen einschließlich Farben und Farbzusammenstellungen geschützt werden, die geeignet sind, Waren oder Dienstleistungen eines Unternehmens von denjenigen anderer Unternehmen zu unterscheiden" (§ 3 Absatz 1 MarkenG).

Dementsprechend gehören „Hörzeichen" zu den Bestandteilen einer Marke und können national als „Hörmarke" beim Deutschen Patent- und Markenamt (DPMA), europäisch (Amt der Europäischen Union für Geistiges Eigentum, EUIPO) und international (World Intellectual Property Organization, WIPO) Markenschutz erlangen (Steiner 2018, S. 62). Hörmarken sind nach Definition des DPMA „akustische, hörbare Marken, also Töne, Tonfolgen, Melodien oder sonstige Klänge und Geräusche"(DPMA 2019).
    Juristisch substanzieller und verwertbarer Schutz für eine Marke, also auch für eine Hörmarke, kann auf drei Wegen entstehen

1. durch die Eintragung eines Zeichens als Marke in das vom Deutschen Patent- und Markenamt geführte Register,
2. durch die Benutzung eines Zeichens im geschäftlichen Verkehr, soweit das Zeichen innerhalb beteiligter Verkehrskreise als Marke Verkehrsgeltung erworben hat, oder
3. durch die im Sinne des Artikels 6 der Pariser Verbandsübereinkunft zum Schutz des gewerblichen Eigentums (Pariser Verbandsübereinkunft) notorische Bekanntheit einer Marke (§ 4 MarkenG).

Zur Anmeldung einer Hörmarke fordert das DPMA neben der klanglichen Wiedergabe der Marke auf einem elektronischen Datenträger durch CD oder DVD auch die grafische Wiedergabe der Marke mit Darstellung durch ein Notensystem. Eine geschützte Hörmarke bietet den Vorteil, nicht nur als akustisches Markenzeichen vor Kopien geschützt zu sein, sondern durch die Kombination mit anderen geschützten Markenformen wie Wort-, Bild-, Wort-/Bild-, Farb- oder 3D-Marken ein Unternehmen und seine Marke möglichst vollumfänglich vor Angriffen von Wettbewerbern zu schützen. Zahlreiche Unternehmen von Audi, Bayer und BMW über Commerzbank, Deutsche Bahn und Lufthansa bis Underberg, Vattenfall und Vorwerk haben sich deshalb ihre akustische Identität als Hörmarke rechtlich schützen lassen.

Beispiele

- Telekom: Die wohlbekannteste deutsche geschützte Hörmarke ist das Sound-Logo der Telekom: Schon seit 1999 ist der Fünfton-Klang („DaDaDaDiDa") der Deutschen Telekom AG unter der Registernummer 39940591 markenrechtlich als Hörmarke geschützt (DPMA 2020).
- Zippo: Seit Ende 2018 ist das charakteristische „Klick" beim aufschnippenden Öffnen des Deckels und Zünden der Flamme des kultigen Sturmfeuerzeuges Zippo als Hörmarke und auditives Symbol für ZIPPO geschützt (Zippo 2018).
- Samsung: 2015 hat Samsung beim Harmonisierungsamt für den Binnenmarkt (HABM) der Europäischen Union (EU) einen Jingle u. a. für 3D-Brillen, kabellose Headsets, Smartphones, Klimaanlagen und Mikrowellenöfen unter Nummer 014012281 registrieren und schützen lassen (EUIPO 2017).
- Lidl: Der Einzelhandel-Retailer Lidl hat seine Marke akustisch europaweit unter der Registrierungsnummer 017592031 geschützt. Der Sound wird am Ende jedes Radio- und TV-Werbespots zur akustischen Verstärkung des gesprochenen und textlich dargestellten Slogans „Lidl lohnt sich" eingesetzt (EUIPO n. d.).

Ziele, Charakteristika und Wirkung von Acoustic Branding

Im Rahmen einer identitätsbasierten Markenführung und integrierten Marketingkommunikation verfolgt das Acoustic Branding ähnliche strategische Ziele wie der Einsatz von visuellem Corporate Design. Zahlreiche internationale Studien haben den Einsatz von Acoustic Branding grundsätzlich untersucht und die positive Wirkungsmöglichkeit nachgewiesen. Die Wirkung generell und der Grad der Wirkung differieren nach strategischem Ziel, multisensuellem Einsatzfeld und Art der verwendeten Elemente des Acoustic Branding.

1. Erzeugung von Aufmerksamkeit
   Eine aufmerksamkeitsstarke Markenmusik oder Brand Voice sorgt beim Konsumenten für die Wahrnehmung der Marke und hilft damit bei der Überwindung der ersten Hürde im Kommunikationsprozess.
2. Steigerung der Wiedererkennung
   Durch einen gezielten Einsatz charakteristischer Akustikelemente prägt sich eine Marke unüberhörbar in das Unterbewusstsein der Konsumenten ein und erzeugt bei Wiederkennen Vertrauen.
3. Differenzierung vom Wettbewerb
   Mithilfe des Einsatzes eines eigenständigen, typischen und charakteristischen Brand Sound im Sinne einer akustischen Markenidentität grenzt sich eine Marke auditiv von Mitbewerbern im Markt ab.
4. Emotionalisierung der Marke: Acoustic Branding emotionalisiert die Kommunikation von Unternehmen mit Konsumenten durch den Einsatz von Musik, Klang oder Stimme und schafft so eine parasoziale „Sympathie-Verbindung" zwischen Marke und Kunden.

5. Erweiterung des Markenschutzes
   Bei Bestehen eines uniquen Markensounds steigert eine rechtlich geschützte Hörmarke den ganzheitlichen Markenschutz um eine akustische Komponente.

6. Steigerung des monetären Markenwertes
   Durch die Kreation und Realisation einer akustischen Brand Identity als Audio Asset gewinnt die Marke auch an monetärem Wert und sorgt kumulativ für eine erhöhte „Brand Equity".

7. Optimierung der Medieneffizienz
   Eine einmalig entwickelte Acoustic Brand Identity kann in einer konsistenten und integrierten Marketingkommunikation in allen audiovisuellen Medienkanälen und Kommunikationsformen synergetisch und effizient eingesetzt werden und damit für Kostenersparnis sorgen.

8. Erhöhung der internationalen Reichweite
   Sound – und gerade Musik – ist international in allen Kulturen und Nationen unabhängig von Sprache für jeden Konsumenten verständlich sowie universell global einsetzbar, und die Marke ist damit weltweit akustisch kommunizierbar und identifizierbar.

9. Aktivierung der Zielgruppe
   Je nach multisensuellem Einsatzfeld und Art der akustischen Elemente aktiviert und motiviert Acoustic Branding Kunden, Gäste oder Teilnehmer mit unterschiedlich positiver Wirkung. Die Vielzahl und Vielfalt der Wirkungen reicht von der Erzeugung positiver Stimmung, Erhöhung der Bildbetrachtungszeit und Verbesserung der Informationsverarbeitung über die Verkürzung zeitlicher Wahrnehmung und Erhöhung der Glaubwürdigkeit des Verkaufspersonals bis zu Verbesserung der Beurteilung von Werbung, Marke, Produkt oder Service und nicht zuletzt Steigerung der Kaufbereitschaft.

Elemente des Acoustic Branding

3

Ähnlich wie beim visuellen Corporate Design werden auch beim Acoustic Branding oder akustischen Corporate Design mehrere Elemente eingesetzt, die markant und typisch für die Marke sind und sie damit unterscheidbar von anderen Brands machen. Singulär oder in Kombination ergeben die Elemente des grundsätzlich definierten Acoustic Branding im Rahmen des multisensuellen Corporate Designs ein Portfolio an Instrumenten, das je nach kommunikativer Aufgabe in unterschiedlichen Anwendungsfeldern der Marketingkommunikation eingesetzt wird.

Das Acoustic Branding beginnt prinzipiell beim Markennamen, der auch durch sein Klangbild essenzielle Bedeutung der Marke kommunizieren kann. So deutet beispielsweise schon der akustische Klang der Limonaden-Marke „bizzl" der Hassia Mineralquellen auf spritzige, prickelnde Erfrischung hin, beim Aussprechen des Produktnamens „Choco Crossies" von Nestle entsteht auditiv die Brand oder Produkt Identity in der Vorstellung des Konsumenten als Knuspern von krossen Flakes und knackigen Mandeln (Kilian 2007b, S. 59).

Als die vier Hauptinstrumente eines Acoustic-Branding-Soundportfolios gelten:

- Das Sound- oder Audiologo,
- die Corporate- oder Brand Music,
- die Brand- oder Corporate Voice und
- der Brand Soundscape (Bronner 2007, S. 84–90; Götz 2011, S. 14; Kilian 2016, S. 63; Lehmann und Westermann 2008, S. 135 ff.; Steiner 2018, S. 91 ff.).

Grundsätzlich kann zwischen verbalen und nonverbalen Elementen des Acoustic Branding differenziert werden. Brand Voice, Brand Song und Jingle beinhalten

© Der/die Herausgeber bzw. der/die Autor(en), exklusiv lizenziert durch Springer Fachmedien Wiesbaden GmbH, ein Teil von Springer Nature 2020
M. Kleinjohann, *Marketingkommunikation mit Acoustic Branding,* essentials,
https://doi.org/10.1007/978-3-658-29989-7_3

verbale Informationen und bieten damit eine zweite inhaltliche Kommunikationsebene mit Textinformationen; Soundlogo, Soundscape und Soundicon zählen zu
den nonverbalen Markenelementen (Steiner 2018, S. 91).

3.1   Soundlogo, Audiologo und akustisches Logo

Das zentrale Element des Acoustic Branding ist das Soundlogo, auch Audiologo, Sonic Logo, akustisches Logo, Kennmotiv oder akustische Signatur, und
stellt das akustische Pendant zum visuellen Markenzeichen (Wort-Bild-Marke)
dar (Anzenbacher 2012; Bronner 2007, S. 84–85; Schramm und Spangardt 2016,
S. 435; Steiner 2018, S. 93).
   Ein Soundlogo sollte prägnant, markenkonsistent und unterscheidbar sein
und einen hohen Wiedererkennbarkeitswert haben, konsequenterweise damit
idealerweise schutzfähig sein im Sinn einer Hörmarke. Auch aufgrund der öko-
nomischen Rahmenbedingungen von TV-, Radio- und Kinowerbung sollten
Soundlogos die Identität des Unternehmens in kürzester Zeit akustisch auf
den Punkt bringen. Als kognitiver und emotionaler Anker sollten Soundlogos
akustisch an die Corporate Identity der Marke und ihre Werte und Attribute
erinnern und schnell erfassbar sein. Soundlogos sind in der Regel deswegen zwei-
bis fünfsekündige, meist dreisekündige Tonfolgen mit schnellem Impact und
straffer Dramaturgie der Komposition (Lehmann und Westermann 2018, S. 136).
Das Soundlogo kann bestehen aus melodisch angeordneten Tönen, spezifischen
Geräuschen oder aus einer Kombination von beiden (Anzenbacher 2012; Steiner
2018, S. 93).

Beispiele
- Audi: Der Automobilhersteller Audi hat in seinem Marken-Styleguide das
  Acoustic Branding in vielerlei Form verankert: Der „Audi Heartbeat" ist
  als Sound-Logo „in rein auditiven Medien als Kern der akustischen Identität von Audi das zentrale Brand-Element" definiert. Grundbaustein des
  Audi Heartbeat ist ein echter menschlicher Herzschlag, der die Emotionali-
  tät der Marke transportiert und begleitet wird mit Klängen aus dem
  Audi-Soundstudio. Eingesetzt wird das akustische Audi-Logo in Kombination
  mit dem visuellen Erscheinen und Ineinandergleiten der vier Audi-Ringe
  sowie dem Marken-Claim „Vorsprung durch Technik" (Audi n. d.).
- Telekom: Das in Werbespots, Klingeltönen und Telefonschleifen eingesetzte Soundlogo der Telekom ist ein akustisches Markenzeichen, das die
  visuelle und akustische Klangfarbe des Telekommunikationsunternehmens

wirkungsvoll miteinander vereint. Die ebenso markenrechtlich geschützte Telekom-Farbe Magenta der Wort-Bild-Marke wird im schrillen Leitmotiv des akustischen Logos intoniert und sorgt damit für eine prägnante formale Analogie. Die fünf, nur 880 Millisekunden kurzen Pianotöne („DaDaDaDiDa") zeichnen sich durch Einfachheit, Einprägsamkeit, Internationalität und Unüberhörbarkeit aus, die in Kombination mit strategisch konsequentem und konsistentem Einsatz sowie kontinuierlichem Werbedruck für eine hohe akustische Präsenz des Unternehmens bei den Konsumenten sorgen (Bronner 2007, S. 84; Lehmann und Westermann 2018, S. 129; SLN! Media Group 2017).

- BMW: Der bayerische Automobilhersteller setzt seit März 2013 global in der Marketingkommunikation ein Soundlogo mit einem dynamischen und innovativen Mischklang ein, der den akustischen Abschluss der Werbespots in TV und Radio sowie aller Produkt- und Markenfilme von BMW darstellt. Die markenspezifische Klangsprache betont die Innovationskraft und Dynamik von BMW, Klangbestandteile werden in Reversetechnik vorwärts und rückwärts eingespielt und stehen symbolhaft für flexible Mobilität. Die fünfsekündige Melodie wird von einem anschwellenden, hallenden Sound vorbereitet und anschließend von zwei markanten bassbetonten Akzenten getragen, die das klangliche und rhythmische Fundament des Soundlogos darstellen. Final mündet das neue Soundlogo in einen schimmernden, wertig anmutenden Ausklang. Diese Kombination verschiedener Elemente steht für Freude an Fortschritt, an Dynamik und für die Freude am Fahren der Marke BMW (BMW Group 2013).

- Siemens: Vor dem Hintergrund des veränderten Geschäftsmodells von Siemens hat das Unternehmen 2016 einen neuen Markensound holistisch in seinen Corporate-Identity-Auftritt integriert. Das Fünfklang-Motiv aus realen und synthetischen Tönen begleitet und verstärkt akustisch den Marken-Claim von Siemens „Ingenuitiy for life" eigenständig, einprägsam, minimalistisch und modern. Als akustischer Kern findet das Siemens-Soundlogo weitere Anwendung in Soundscapes für Events, Telefon-Warteschleifen, Werbespots und Imagefilmen (why do birds 2018).

3.2 Sound Icons

Die kleinsten klanglichen Einheiten des Acoustic Branding bilden Sound Icons, die ausgehend vom Soundlogo die klanglichen Bestandteile auf ein Minimum von meist maximal 500 ms verkürzen und abstrahieren. Das daraus resultierende

Mini-Klangbild bleibt dabei idealerweise immer konsistent mit dem Soundlogo als Master-Klang. Sound Icons übersetzen akustisch komprimiert musikalisch den Wert der Marke oder charakteristische Geräusche des Produktes und geben diese ikonisch minimiert wieder (Bronner 2007, S. 88).

Ähnliche symbolhafte akustische Eigenschaften haben Auditory Icons oder Audicons und Ear Icons. Wie visuelle Icons oder Piktogramme besteht ihre kommunikative Funktion in der schnell transportierbaren und erfassbaren Symbolik. So ist ein **Auditory Icon** ein kurzes akustisches Element, das durch Alltagsassoziationen über einen Wiedererkennungseffekt verfügt und somit eine Information überträgt (z. B. Rascheln, sobald eine Datei in den Papierkorb abgelegt wird) (Lehmann und Westermann 2018, S. 134). Im Unterschied zu ihnen bestehen **Ear Icons** aus nur wenigen Tönen oder einer kurzen Melodiefolge und kommunizieren als zwischen Unternehmen und Nutzer intuitiv vereinbarte Konvention ein produkttypisches „informationstragendes Ereignis", wie z. B. akustisches Feedback in Alarmsituationen (Lehmann und Westermann 2018, S. 134; Steiner 2018, S. 100).

Soundlogos, Auditory Icons und Ear Icons kommunizieren die Corporate oder Brand Identity im Sinne von akustischem Funktions- oder Interaktionsdesign deshalb häufig bei interaktiven Anwendungen, auf Websites, in Apps oder auch als reale Produktsounds.

Beispiele

- Flensburger Pils: Die Norddeutsche Privatbrauerei Flensburger setzt den typischen Klang beim Öffnen der Bierflaschen mit dem charakteristischen Bügelverschluss („plop") strategisch im gesamten Marketing ein. Um die Funktionalität – und auch den Klang – aus Marketingsicht zu optimieren, wurden 2009 für die Entwicklung neuer Bügelverschlüsse vier Millionen Euro investiert; der einfache oder mehrfache „Plop"-Ton wird als Wiedererkennungsicon in der audiovisuellen Marketingkommunikation wie beispielsweise in Werbespots prominent und konsequent eingesetzt. „Der verheißungsvolle Sound des Flensburger Bügelverschlusses erzeugt im Gehirn von Millionen Flens-Trinkern weltweit Vorfreude auf ein leckeres Flens" (Flensburger Brauerei n. d.; Lehmann und Westermann 2018, S. 134; Steiner 2018, S. 100; von Gyldenfeldt 2009).
- Bahlsen: Damit auch auditiv der Genuss des Knackens, Knusperns und Knirschens beim Zubeißen oder Kauen eines Leibniz-Kekses immer gleich und identitätsstiftend kommuniziert wird, sorgt ein Forschungsteam beim Keks- und Gebäckhersteller Bahlsen für den typischen Produktklang im Sinne des „Krkks" als Sound Icon (Esch 2018, S. 323; Lehmann und Westermann 2018, S. 134).

- Coca-Cola: In der Erkenntnis „Das Ohr trinkt mit" setzte Coca-Cola in der Bewerbung des Softgetränkes schon in den frühen 1950er Jahren auf Sound Icons, die den typischen Coca-Cola-Genuss auch akustisch transportieren. Das Klirren von Eiswürfeln in einem Glas und das Zischen beim Ausschenken aus einer Flasche sind zwar auch bei anderen Getränken ähnlich, der amerikanische Getränkekonzern hat aber durch den langjährigen und bewussten Einsatz der kurzen Geräuschelemente in Werbespots frühzeitig diese in Verbindung mit dem Produkt Coca-Cola gebracht und markentechnisch somit dominiert (Coca Cola 2017).

- Apple: Der werkseitig von Apple bei Produktlaunch des iPhone 2007 eingestellte typische Klingelton „Marimba" kommuniziert als „Ear Icon" akustisch einprägsam dem Smartphonebesitzer einen Telefonanruf über sein Apple-Gerät. Apple wollte damit neben der guten Hörbarkeit des Klingeltones auch die produkttypischen Klangeigenschaften der iPhones markenbindend kommunizieren (Widmer 2017).

3.3 Brand Music/Brand Song

Brand Music, auch Corporate Music, Brand Song, Commercial Song, Jingle, ist eine speziell für ein Unternehmen oder eine Marke eingesetzte Musik oder eine Playlist aus mehreren Musiktiteln, die auf der aus der Corporate Identity abgeleiteten Tonalität basiert. Ihre Grundfunktion ist es, eine zur kommunizierten Marke passende akustische Atmosphäre zu schaffen, die die visuellen Botschaften unterstützt und in Kombination verstärkt. Darüber hinaus lädt Brand Music grundsätzlich eine Marke emotional auf und sorgt aufgrund des Erinnerungspotenzials für eine längere Bindung zwischen Marke und Konsument (Bronner 2007, S. 86–87).

Brand Music wird eingesetzt in Fernseh-, Radio- und Kinowerbung, am Point of Sale im Retail oder als Background-Musik auf Messen, in Gastronomie oder Hotellerie zur Kaufstimulation, Entspannung der Kunden oder um akustisch Assoziationen mit der Marke auszulösen. „Brand Music wird häufig nicht bewusst wahrgenommen, beeinflusst jedoch die übrigen Stimuli wie Sprache und Bilder über ihre Dynamik, den Rhythmus, das Tempo und die Lautstärke" (Schramm und Spangardt 2016, S. 435; Steiner 2018, S. 99).

Grundsätzlich zu unterscheiden sind speziell und exklusiv für ein Unternehmen und seine Produkte oder Services komponierte Musikstücke („Produktionsmusik") und schon existente Fremdkompositionen, die beispielsweise für eine Werbekampagne adaptiert bzw. als akustische Hintergrundkulisse („Archivmusik") verwendet werden (Kaltenhäuser 2018, S. 45). Beide Varianten haben ihre Vor- und Nachteile beim Imagetransfer: Vorhandene Musikstücke sind bei den Konsumenten schon bekannt und bestenfalls beliebt, der Interpret wirbt möglicherweise durch seine eigene Prominenz und Akzeptanz bei den Konsumenten indirekt auch für die akustisch kommunizierte Marke.

Eine Herausforderung in der Auswahl eines Brand-Songs ist der notwendige Fit zwischen Marke, Musikkünstler und Zielgruppe. Speziell für eine Marke komponierte Brand Music sollte „unique" sein, bedarf aber aufgrund ihrer Unbekanntheit möglicherweise einer längeren Zeit der Penetration. Unbekannte Musiker können durch ihren in der Werbung eingesetzten Song bekannt werden – und somit indirekt wiederum auch für das Unternehmen beim Einsatz von „Branded Entertainment" positiv wirken (Ringe 2007).

Der bekannteste Brand-Music-Typ ist der des **Commercial Songs.** Dieser wird als „funktionale oder funktionelle Musik" in Werbespots während einer Kampagne oder über einen längeren Zeitraum eingesetzt, um positive Gefühle oder Assoziationen – und letztendlich eine positive Kaufentscheidung – auszulösen (Kaltenhäuser 2018, S. 33).

In audiovisueller Werbung gespielte Musik hat in der nur kurz zur Verfügung stehenden Zeit eines Spots mehrere Einzelfunktionen:

1. Herstellung von Kontinuität durch die Verbindung zwischen Bild- und Textebene
2. Erregung von Aufmerksamkeit beim Konsumenten oder Lenkung der Aufmerksamkeit auf die Werbebotschaft
3. Imagebildung durch die Art und gewählten Genres der Werbemusik
4. Emotionalisierung und Erzeugung von Stimmung mit dem Ziel, eine grundsätzlich positive Einstellung gegenüber der Marke hervorzurufen, Emotionen als Ergebnis der Nutzung des Produktes oder Services darzustellen oder die Wirkung der Werbeaussage zu verstärken
5. Memorierbarkeit als zusätzliche, akustische Gedächtnis-Touchpoints beim Konsumenten zur Verankerung
6. Genauigkeit in der Zielgruppenansprache durch die Wahl der verwendeten Musikstile (z. B. Pop, Klassik, Jazz)
7. Beeinflussung des Konsumenten im Sinn einer Kaufentscheidung (Kaltenhäuser 2018, S. 37–45).

Beispiele

- Bacardi: Der Brand Song „Bacardi Feeling" wurde 1988 von Kate Markowitz alias Kate Yanai für den Spirituosenhersteller Bacardi & Company Limited

und seinen weißen Rum neu komponiert und erreichte über den Werbespot hinaus eine ungewöhnliche Bekanntheit aufgrund des Fits von Marke,
Produkt, Musik und sonstiger Markenkommunikation. Zeitlos kommuniziert
der Song musikalisch das karibisch leichte Urlaubs- und Lebensgefühl, das
das Unternehmen Bacardi mit dem Produkt an die Zielgruppe gesamtheitlich
vermitteln will (Steiner 2018, S. 97).

- Langnese: Mit dem Song „Like ice in the sunshine I'm melting away on
  a sunny day" von Beagle Music für Langnese komponiert, bewarb das
  Unternehmen seine Eismarke über einen langen Zeitraum im Kino. Als
  Background-Musik intonierte der Song in dem zweiminütigen Werbespot
  das Thema „Sommer, Sonne, Strand und Meer" so beliebt, dass das Musik-
  stück 1986 sogar als Single veröffentlicht wurde. Langnese nutzte die zeitlose
  Beliebtheit des Songs in den Folgejahren weiterhin werblich und ließ andere
  Musiker wie Anastacia (2001), die No Angels (2002), DJ Tomekk, Westbam
  und Faithless (2003), Shaggy (2004) und The BossHoss (2005) das Stück neu
  interpretieren.
- „Celebration": Der Song der Band „Kool & The Gang" aus dem Jahr 1980
  wurde von unterschiedlichen Unternehmen in der Werbung aufgrund seines
  „Party-Feier-Gute-Stimmung"-Charakters eingesetzt. So bewarb u. a. der
  Süßwarenhersteller Mars seine „Celebrations"-Mischung (,,Immer ein Grund
  zum Feiern") aus acht Miniatur-Milchschokoladen-Riegeln (u. a. Mars, Twix,
  Bounty, Snickers) mit dem „Kool & The Gang"-Song in TV- und Kinospots.
- Beck's: Mit dem Brand-Music-Song „Sail away" bewirbt die Brauerei Beck
  (Anheuser Busch InBev) ihre Biermarke „Beck's" seit 1991. Ursprünglich war
  der deutsche Hans Hartz die gesungene „Beck's"-Stimme, der mit dem Song
  international 1,6 Mio. Tonträger verkaufte. Ab 1995 gab Joe Cocker dem Lied
  seine Stimme, das die Werbekampagne mit dem Segelschiff unter (Beck's-)
  grüner Takelage auf den Meeren der Welt akustisch begleitete (Bronner 2007,
  S. 87; Steiner 2018, S. 97).

Die sogenannten **Corporate Anthems,** auch Unternehmenshymnen, Unter-
nehmenslieder, dagegen haben als Zielgruppe die Mitarbeiter des Unternehmens
und die Funktion, Mitarbeiter emotional zu binden, indem diese sich auditiv oder
musikalisch mit dem Arbeitgeber identifizieren. Firmenhymnen können eigens
für das Unternehmen kreierte und komponierte Lieder sein, aber auch fremde
Musikstücke, die aufgrund von Tradition zu bestimmten Anlässen des Unternehmens intern gesungen oder gespielt werden (Bronner 2007, S. 90).

Beispiele

- Henkel: Die eigens für Henkel komponierte Firmenhymne „We together"
  gibt es inzwischen in mehreren sprachlichen Fassungen, u. a. in deutscher,
  chinesischer und russischer Sprachversion; Henkel definierte diese als
  wichtigen Bestandteil seiner Corporate Identity „A Brand like a Friend"
  (Schürmann 2011, S. 133).
- Obi: Die Baumarktkette ließ 1999 den Song von Udo Jürgens „Mehr als nur
  vier Wände" inklusive einer Ansprache des Firmengründers Manfred Maus
  zur Unternehmensphilosophie auf einer Maxi-CD an alle Mitarbeiter als
  identitätsstiftendes Element im internen Employer Marketing verteilen (Götz
  2011, S. 16; Kilian 2012, S. 30; Schröder n. d.).

3.4   Jingle

Der **Jingle** ist die gesangliche, etwas längere Interpretation des Soundlogos mit
leicht zu merkenden Melodien, Harmonien und markanten Rhythmen im Sinn
eines Slogans oder Claims. Am Anfang oder Ende eines Werbespots vermittelt
der Jingle akustisch die Botschaft eingängig und pointiert diese aufmerksamkeitsstark. Durch den häufigen werblichen Einsatz in der Marketingkommunikation
von großen Marken, insbesondere in TV- und Radio-Werbespots, erlangen Jingles
als solche selbst häufig große Bekanntheit und erzeugen eine enge akustische Verbindung zwischen Brand und Konsumenten (Bronner 2007, S. 85–86; Götz 2011,
S. 15; Kaltenhäuser 2018, S. 48; Schramm und Spangardt 2016, S. 435).

Beispiele

- Haribo: Der Süßwarenhersteller Haribo aus dem Rheinland setzt seit 1935
  bzw. 1962 den Markenclaim „Haribo macht Kinder froh – und Erwachsene
  ebenso" in mehreren Sprachen in der Marketingkommunikation ein.
  Regelmäßig findet der Claim in gesungener Version als Abbinder in TV-Spots
  – u. a. mit Thomas Gottschalk – Verwendung (Haribo 2011).
- Hornbach: Der für die Baumarktkette Hornbach komponierte Jingle „Jabba-ja-
  ja-jippie-jippie-jeeh" fasst als Schlusssound in audiovisuellen Werbespots die
  unkonventionelle Identität quasi als „Hymne der Handwerker" akustisch mit
  einem Augenzwinkern zusammen. In Anlehnung an den Schlager von Gold &
  Peter de Vries „Von den blauen Bergen kommen wir" (1949), der wiederum
  ursprünglich auf einem Lied von Eisenbahnarbeitern im Wilden Westen der
  USA beruht, fällt der dreisekündige Jingle in seinem von einem Männerchor
  gesungenen Retrosound in jedem Werbeblock auf (Toninsel 2014).

3.5   Brand Voice

Auch die Brand Voice, oder Corporate Voice, ist ein weiteres zentrales Element in der akustischen Marketingkommunikation als strategisch eingesetzte Stimme des Unternehmens oder der Marke. Durch Betonung, Tempo, Rhythmus, Intonation oder Akzent sollte die Brand Voice alle Markenattribute repräsentieren, akustisch wiederspiegeln und damit die Markenpersönlichkeit durchklingen lassen und auditiv erlebbar machen. Wie in der interpersonalen Kommunikation erweckt die **Brand Voice** charakteristische Assoziationen, die den Absender erkennen lassen oder sich beim Konsumenten konkrete Vorstellungen vom Unternehmen, Produkt oder Dienstleistung als „Sprecher" bilden (Bronner 2007, S. 87).

Brand Voices werden in der Regel als „Off"-Stimmen eingesetzt, der „Stimmeninhaber" ist also beim Einsatz nicht zu sehen, sondern nur zu hören. Die Stimme spricht dabei den Markennamen, den Claim oder Slogan oder einen Text in Imagefilmen oder Werbespots oder wird als „Station Voice" in Telefon-warteschleifen, Chatbots oder Smart Speaker Skills verwendet. Die Brand Voice sollte insbesondere aufgrund ihrer Prominenz wie alle anderen Elemente des Acoustic Branding die Corporate Identity der Marke symbolisieren und identitätskonstruierend akustisch transportieren (Lehmann 2007; Steiner 2018, S. 98).

In der Regel leihen professionelle Sprecher einer Marke ihre Stimme. Zu unterscheiden ist dabei ähnlich wie bei der Brand Music zwischen unbekannten – oder unbekannt bleibenden – und bekannten Stimmengebern wie professionellen Synchronsprechern oder Schauspielern. Bei bekannten Sprechern bzw. Synchronstimmen prominenter Schauspieler besteht ähnlich wie bei Archivmusik die Situation eines ambivalenten Imagetransfers: Die positiven – oder negativen – Assoziationen, die die Konsumenten mit dem Stimmenklang eines Synchronsprechers oder Schauspielers verbinden, kann bei Erkennen der Leihstimme im Werbespot entsprechend auf die kommunizierte Marke wirken. Umgekehrt kann bei der auditiven Wahrnehmung einer Synchronstimme oder bei der audiovisuellen Rezeption eines Schauspielers in einem Film die Marke unbewusst außerhalb des geplanten Werbekontextes erinnert werden. Grundsätzlich besteht die Problematik, dass doppelt oder gar mehrfach eingesetzte Brand Voices zu Verwirrung und nicht zur geplanten, klaren Identifikation von Unternehmen, Produkt oder Dienstleistung führen.

Unternehmen, die eine Brand Voice einsetzen wollen, müssen sich daher gerade bei diesem spezifischen, weil sehr markantem Element der akustischen Corporate Identity fragen: Wie klingt die Stimme des Unternehmens? Wie spricht die Marke zum Konsumenten? Spricht die Brand Voice beispielsweise dynamisch, facettenreich, jugendlich, markant, mittelkräftig oder seriös?

Beispiele

- IKEA: Ein bekanntes Beispiel für den Einsatz einer identitätsbasierten Brand Voice ist die Sprecherstimme des IKEA-Werbespots. Der Off-Sprecher kommuniziert in der für das schwedische Möbelhaus eigenen Corporate Identity in der „Du"-Form und in einem freundschaftlichen und jovialen Ton à la IKEA mit dem Kunden – und dies mit einem deutlich schwedischen Akzent, der den Bezug zu IKEA herstellt.
- Synchron- und Werbesprecher Dietmar Wunder ist die Leihstimme von u. a. Daniel Craig, Adam Sandler und Cuba Gooding jr. und die Werbestimme von u. a. Berliner Pilsener, Sparkasse und Cremadiso (Agentur Stimmgerecht n. d.).
- Deutsche Bahn: Die Deutsche Bahn (DB) setzt seit Anfang 2020 den Profi-Sprecher Heiko Grauel als neue „DB"-Stimme für die Kommunikation an Deutschlands Bahnhöfen ein. Um eine kundenbindende akustische Identität („freundlich, informativ, vertrauensvoll") für den Logistikkonzern aufzubauen, spricht Grauel mit seiner menschlichen Stimme 14.000 Silben bzw. Sätze ein, die eine Software anschließend zu beliebigen Sätzen – ähnlich wie bei Navigationsgeräten oder Sprachassistenten – synthetisch für die Bahndurchsagen zusammenbaut (Schulze 2020).

3.6   Brand Soundscape

Der Brand Soundscape, auch Corporate Soundscape, Ambient Soundscape, ist eine unaufdringliche, großflächige Klanglandschaft, die im Hintergrund eine bestimmte akustische Atmosphäre in Stores, Foyers, Warteräumen, Hotels, Restaurants oder auf Messeständen schaffen soll. In der Regel ist der **Soundscape** eine Geräuschkulisse, die mit der Umgebung – z. B. Büro, Messe, Natur – verbunden ist. Beim Soundscape wird im Gegensatz zur Brand Music keine prominente Rhythmik oder charakteristische Melodik eingesetzt, sondern es werden lediglich einzelne Töne, Klänge oder Geräusche verwendet, die einen Klangteppich im Hintergrund erzeugen (Bronner 2007, S. 89; Schramm und Spangardt 216, S. 436; Steiner 2018, S. 99).

Da der Brand Soundscape – ähnlich wie Brand Music – zurückhaltend Marken oder Unternehmen akustisch kommuniziert, ist die auditive Wirkung eher unterschwellig; ihr Vorteil liegt vorrangig darin, Vertrautheit in einer Umgebung für den Konsumenten zu schaffen (Kilian 2012, S. 31).

Beispiel
Ein bekanntes Beispiel für einen Soundscape ist der 2006 entwickelte Corporate Sound der Lufthansa, der die typischen Farben des Lufthansa Corporate Designs Blau und Gelb mit den Attributen anmutig, souverän und einfühlsam verbindet. Neben einem Audio wurde auch eine Klangwelt für die Fluggesellschaft geschaffen, der in Lounges und im Hintergrund unaufdringlich die Marke Lufthansa kommunizierte (CI-Portal 2006).

Einsatzfelder des Acoustic Branding

4

Aufgrund des Facettenreichtums von Klangbildern und Musik können die Elemente des Acoustic Brandings einerseits in der Marketingkommunikation an vielen Touchpoints mit dem Konsumenten eingesetzt werden. Andererseits müssen auch in der akustischen Markenkommunikation ebenso wie beim visuellen Corporate Design die Tools medienkanaladäquat und situationsgerecht eingesetzt werden. Auch hier gilt, dass die sinnvolle Kombination der Elemente – und der sie transportierenden Medienkanäle – mehr ist als ihre Summe.

Die Einsatzfelder von Acoustic Branding gilt es entsprechend der unternehmensspezifischen „Corporate Personality" oder „Brand Identity" und entsprechend der Marketingkommunikationsziele zu analysieren und zu definieren. Dabei ist einerseits Vielfalt sinnvoll, um an möglichst vielen Touchpoints der Produkt- oder Dienstleistungsmarke oder der Marken des Unternehmens auch akustisch mit den Konsumenten zu kommunizieren. Andererseits ist im Sinne einer effizienten Marketingkommunikation eine Konzentration auf die Einsatzfelder sinnvoll, die es besonders gut ermöglichen, eine auch akustische „Corporate Identity" oder „Brand Personality" zu prägen und zu kommunizieren.

Grundsätzlich sind drei Bereiche des Einsatzes von Acoustic Branding zu definieren:

1. Werbung – Acoustic Branding als Produktkommunikation, die über audiovisuelle oder akustische Medien wie Radio oder Fernsehen Produkte oder Dienstleistungen über die „Tonspur" bei Konsumenten bewirbt,
2. Ambiente – Acoustic Branding als akustische Beschallung oder Schaffung auditiver Erlebnisse in unterschiedlichen Situationen des Zusammentreffens von Marke und Zielgruppe im Retail, in der Gastronomie oder auf Events als Käufer, Besucher, Teilnehmer oder Gast und

© Der/die Herausgeber bzw. der/die Autor(en), exklusiv lizenziert durch Springer Fachmedien Wiesbaden GmbH, ein Teil von Springer Nature 2020
M. Kleinjohann, *Marketingkommunikation mit Acoustic Branding*, essentials,
https://doi.org/10.1007/978-3-658-29989-7_4

3. sonstige Situationen, in denen über Hardware und Software wie Smart
   Speaker oder Podcasts mit Acoustic Branding Marketingkommunikation auch
   akustisch erfolgt.

4.1 Werbung

Im Rahmen der Marketingkommunikation kommt der Mediawerbung die größte
Bedeutung für Acoustic Branding zu. Unternehmen können für sich und ihr
Produkt- und Dienstleistungsangebot mit Mediawerbung als Verbreitung werblicher Informationen in Form von Werbespots über die entgeltliche Belegung
von audiovisuellen Werbeträgern kognitive, affektive und konative sowie öko-
nomische Wirkung erzielen. Zur Erzielung der gewünschten Werbewirkung
kommt es in der Mediaplanung vorrangig auf die Passgenauigkeit der Nutzer-
schaft der Medien und der Werbezielgruppe des Unternehmens an. Die Auswahl
der Werbeträgergruppen (Inter-Media-Selektion) ist des Weiteren abhängig von
dem zu kommunizierenden Werbeobjekt (Unternehmen, Produkt, Dienstleistung)
und seiner akustischen Eignung sowie vom für die Marketingziele funktionalen
Mediamix aus allen Werbeträgern.

Zu unterscheiden sind bei den akustisch-visuellen Einsatzfeldern von Werbung
entsprechend

- rein akustische Medien und Werbeträger wie privater und öffentlich-
  rechtlicher Hörfunk sowie Instore-Radio am Point of Sale und
- audiovisuelle Werbemedien wie Fernsehen und Kino, die eine die Kommunikation und die Wirkung verstärkende Koppelung von bewegten Bildern und Ton
  ermöglichen.

4.1.1 Radio-Werbung

Acoustic Branding bei Werbung im Radio spielt im Rahmen einer integrierten
Marketingkommunikationsstrategie eine besonders prominente Rolle aufgrund
der Eigenart von „Hör-Funk" als rein akustisches Medium. Aber auch die grundsätzlich hohe Reichweite, die effiziente Selektierbarkeit und Targetierung von
Zielgruppen (u. a. durch Geographie, Tagesverlauf, Senderformat) und das gute
Verhältnis von relativ niedrigen Produktionskosten, Werbespendings und öko-
nomischer Wirkung weisen dem Hörfunk im Medienportfolio einen wichtigen

Baustein als „Soundtrack des Tages" zu: Radio, live oder zeitversetzt konsumiert, hat eine Tagesreichweite von 71 % in der deutschsprachigen Bevölkerung ab 14 Jahre; durchschnittlich werden über den Tag 152 min Radio gehört (Mai et al. 2019). Gerade die über den Tagesverlauf unterschiedliche Nutzung von Hörfunk in Intensität (Schwerpunkt am Morgen, Kontinuität auf niedrigerem Niveau am Tag) und Ort (Zuhause, Auto, Arbeit) machen ein wirkungsvolles Acoustic Advertising herausfordernd. Insbesondere die Rolle des Radios als typisches „Nebenbei-Medium" – mit nur selten konzentrierter Aufmerksamkeit der Hörer auf die übermittelten Botschaften – erfordern den Transport eines starken und erinnerungsfähigen auditiven Bildes vom beworbenen Unternehmen, Produkt oder Service (Heun 2017, S. 98). Dazu gehört eine einerseits akustische Eigenständigkeit durch den konzertierten Einsatz von Brand Voice, Audiologo oder Brand Music zu schaffen, andererseits nicht durch penetrante Wiederholungen die angesprochene Zielgruppe zu nerven und damit negativ zu beeinflussen.

Deutsche und internationale Studien belegen die grundsätzliche Bedeutung und Wirkung von Radiowerbung als akustische Markenkommunikation:

- Radiospots beeinflussen positiv die Assoziationen von Marken bei Konsumenten
- Werbung im Radio verstärkt die Wirkung von audiovisueller Kommunikation in Konsumsituationen und Kaufentscheidungen
- Spots mit zusätzlichen akustischen Hinweisreizen (Appell, Musikeinsatz, Soundeffekt) sorgen für größere Aufmerksamkeit und eine bessere Erinnerung
- Unterschiedliche Sprecher bzw. unterschiedliche Stimmlagen erhöhen die auditive Aufmerksamkeit
- Sprecher, die Hochsprache ohne Dialekt verwenden, werden positiver, glaubwürdiger und kompetenter eingeschätzt
- Kongruenz in Anmutung und Assoziation von eingesetzter Musik und werblicher Botschaft erzeugt positive Effekte bei Konsumenten
- Radiospots mit kreativer Story und Audio Assets sind wirksamer als Spots ohne Acoustic Branding (ARD Forschungsdienst 2017b, S. 529–531, 2018a; AS&S 2019)

Beispiel

Real: Der Supermarkt-Retailer Real schließt seine Radio-Werbespots sprachlich und klanglich mit einem deutlichen Acoustic Branding ab: Der Markenclaim „Real. Einmal hin. Alles drin." wird gesprochen, gefolgt vom spezifischen Real-Sound-Icon.

4.1.2 Instore Radio

Instore Radio, auch Einkaufsradio oder Ladenfunk, ist verkaufsunterstützendes Radio am Point-of-Sale (PoS) im Lebensmitteleinzelhandel und in Supermärkten. Wie beim klassischen Hörfunk bieten Instore-Radiosender ein Vollprogramm mit Musik und News sowie redaktionellen Beiträgen („Tipps für das nächste Grillen") und Werbespots, die inhaltlich abgestimmt sind auf den Ort des Kaufes und der Kaufentscheidung. Mit Werbung in Instore Radios setzen Unternehmen direkt am PoS im stationären Handel unmittelbar vor der Kaufentscheidung bei einer Hörerschaft mit hoher Kaufbereitschaft bzw. in einer grundsätzlichen Kaufstimmung einen akustischen Aktivierungsimpuls. Über andere Werbekanäle gelernte Markenbotschaften werden kurz vor dem finalen Kaufakt auditiv in Erinnerung gerufen und können den Konsumenten zu Impulskäufen veranlassen. Akustisch flexibel und auditiv aufmerksamkeitsstark können am PoS Produktneueinführungen, Preisaktionen und Promotions über Verkostungen bis zu konkreter Käuferlenkung zum Verkaufsregal inszeniert werden. Werbespots in Instore Radios können analog der Produktlistung in der bespielten Supermarktkette kurzfristig gebucht werden und bieten durch die Schaltgenauigkeit eine gute lokale Verankerung von Acoustic Branding.

Als Musikrichtung wird von Instore-Radio-Anbietern üblicherweise das „AC"-Format („Adult Contemporary") gewählt, ein Mix aus melodischer Pop- und Rockmusik der letzten Jahrzehnte bis heute, das auch von Privatradios mit 63,9 % das meistgewählte Musikformat im Hörfunk ist (ALM 2017, S. 150).

Beispiele
- Rewe: Seit 2015 werden mehr als 3000 Rewe-Märkte deutschlandweit von Radio Rewe über das unternehmenseigene Instore-Radio-Unternehmen Radio Max beschallt (Schwegler 2015).
- Tamaris: In den über 300 Stores der Schuhmodenkette „Tamaris" der Wortmann KG in Detmold werden Konsumenten über das „Tamaris Store Radio" mit einem Mix aus zur Zielgruppe passender Musik, News aus der Modewelt und Informationen und Werbung zu Tamaris entspannt und zum Kauf motiviert (myShopradio n. d.).

4.1.3 TV-Werbung

Aufgrund der Relevanz des Fernsehens als reichweitenstarkes Medium mit häufiger Nutzung durch Werbungtreibende im Marketingkommunikationsmix hat Acoustic Branding auch in der TV-Werbung eine prominente Funktion. In TV-Werbespots werden dementsprechend intensiv und häufig das Sound- oder Audiologo, die Corporate Music bzw. Brand Music und die Brand Voice bzw. Corporate Voice eingesetzt. Soundlogos werden häufig am Ende eines Spots – parallel zum visuellen Logo – eingespielt, um die Erinnerungsfähigkeit an die beworbene Marke zu erhöhen und sich gegen die nachfolgenden Werbespots anderer Marken abzugrenzen (Steiner 2018, S. 93).

Brand Music in Form von Jingles, instrumentalen oder gesungenen Liedern hat in der Werbung eine besondere Bedeutung – auch aufgrund ihrer in unterschiedlicher Form analysierter und nachgewiesener, in der Regel positiver Wirkung. Deutsche und internationale Studien belegen die grundsätzliche Bedeutung und Wirkung von Musik als Stimulans in TV-Werbung:

- Konsumenten entscheiden sich eher für ein Produkt, wenn die Darstellung mit Musik kombiniert ist (Vermeulen und Beukeboom 2016).
- Positiv bewertete Musik verbessert die generelle Bewertung der beworbenen Marke (Schramm und Spangardt 2016, S. 441; Vermeulen und Beukeboom 2016).
- Der Einfluss von Musik auf Produktauswahl und Markenbewertung ist beim Konsumenten eher unbewusst. (Vermeulen und Beukeboom 2016)
- Der „Musical Fit" zwischen Musik und Produkt ist entscheidend – die Musik sollte zum Inhalt des Spots, dem präsentierten Produkt und der anvisierten Zielgruppe möglichst hohe Kongruenz aufweisen (Herget et al. 2017; Schramm und Spangardt 2016, S. 440).
- Low-Involvement-Produkte werden besser durch schnellere Musik im TV-Spot angesprochen, da diese zu einer höheren Aufmerksamkeit und besseren Bewertung führt (Stewart und Koh 2017).
- Vokale Musik kann bei Konsumenten mit geringer kognitiver Verarbeitungskapazität die Aufnahme von numerischen Informationen wie Preise oder Rabatte negativ beeinflussen (Kang und Lakshmanan 2017).
- Bei niedrigem Involvement des Konsumenten trägt die Wahrnehmung von Bildern in Kombination mit positiv anregender Musik zur besseren Akzeptanz von Spots bei (Flecker 2014, S. 79).
- Vertrautheit mit der verwendeten vokalen oder instrumentalen Musik fördert grundsätzlich die Wirkung beim Konsumenten. Der Werbe-Recall ist noch größer, wenn der Konsument bei einem bekannten Instrumentalsong das Lied selbst mitsingen kann (Flecker 2014, S. 85).

Beispiele

- Bauhaus: Die Baumarktkette „Bauhaus" finalisiert in ihrer TV-Werbung jeden Spot mit dem optisch eingeblendeten Visual-Logo, dem typografisch dargestellten und parallel vom Off-Sprecher gesprochenen Claim „Bauhaus. Wenn's gut werden muss" (Bauhaus 2019).

- Tamaris: Die Fernsehwerbung der Schuhmarke Tamaris endet in jedem Spot mit einem Acoustic Branding durch einen jahreszeitlich wechselnden Natursoundscape im akustischen Hintergrund über den mit der weiblichen Brand Voice der Markennamen „Tamaris" verheißungsvoll geflüstert wird (Tamaris 2012).

- Fielmann: Der Brillenhersteller Fielmann lässt in seinen TV-Spots als optischen und akustischen Abbinder die typische Brand Voice von Sky du Mont den Markenclaim „Brille: Fielmann" sprechen und blendet dabei das Logo optisch entsprechend ein (Fielmann 2020).

4.1.4 Kino-Werbung

Kinowerbung bietet unübersehbar – und auch unüberhörbar – nicht nur visuelle Kommunikation im Cinemascope-Format auf der Leinwand, sondern auch Akustik in bester Dolby-Surround- oder modernster Dolby-Cinema-Qualität. Und Besucher von Kinos setzen sich aktiv und bewusst werblicher Kommunikation im Vorfeld des Filmes aus – wie in kaum einer anderen Situation kann Werbung hier audiovisuell konzentrierter Aufmerksamkeit sicher sein.

So finden nur 45 % der Deutschen ab 14 Jahre Werbung im Kino als störend im Gegensatz zu Fernsehen (89 %), Websites (85 %) oder Radio (75 %) (Statista 2019), denn Werbung auf Kinoleinwänden gilt bei Kinobesuchern im Vergleich zur Gesamtbevölkerung als „interessant, kaufanregend, unterhaltend, informativ, glaubwürdig und nützlich" (Statista 2019). Für eine werbliche Präsenz im Kino und den Einsatz von Acoustic Branding bei Kinospots sprechen die konstante Beliebtheit von Kinobesuchen: Zwischen 100 und 120 Mio. Besuchern pro Jahr hält sich die Anzahl der Kinobesucher seit 1993 relativ stabil – auch wenn Kino im Ranking der Marktanteile der Mediengattungen im Bruttowerbemarkt auf dem letzten Platz liegt (Statista 2019).

Ähnlich wie Radiowerbung lässt sich Werbung im Kino auf die Zielgruppe bezogen sehr effizient planen: Von nationalen Kampagnen über regionale Schaltungen bis zu Einzelbuchung von einzelnen Kinosälen oder Kinocentern können Unternehmen ihre audiovisuelle Präsenz geographisch planen – neben einer genauen zeitlichen Terminierung.

Der visuelle und akustische Markenauftritt eines Unternehmens kann also „ganz großes Kino" werden unter Beachtung der kinotypischen Situation, dass Werbetrailer mit einem anderen Soundsystem in Mono ausgestrahlt werden und damit leiser klingen als der eigentliche Kinofilm (Steiner 2018, S. 370).

4.2 Ambiente

Ein Store oder Messestand, ein Restaurant oder Hotel ohne Hintergrundmusik – undenkbar, denn gerade für deren Atmosphäre und Ambiente hat Acoustic Branding eine wichtige Funktion: Acoustic Branding sorgt für Entspannung des Besuchers, Gastes oder Käufers oder aktiviert die Zielgruppe vor Ort zu Kommunikation, Teilnahme oder gar Kauf.

Deshalb auch als „funktionelle Musik" bezeichnet, hat Hintergrundmusik mehrere Charakteristika: Hintergrundmusik soll nur nebenbei gehört werden, ist üblicherweise an Orten präsent, an denen „normalerweise" keine Musik erklingt. Funktionelle Musik stellt kein eigenes musikalisches Genre dar, kann speziell für den Einsatz im Hintergrund kreiert, aber auch als schon existente Kunst- und Unterhaltungsmusik („Archivmusik, Playlist") eingesetzt werden.

Unabhängig vom Einsatzort sind die grundsätzlichen Funktionen und zentralen Aufgaben von Hintergrundmusik:

- Musik als akustisches Ornament mit Gestaltungsfunktion:
  Musik schafft Atmosphäre, auch dort, wo eigentlich keine ist.
- Musik zur Lärmabsorption:
  Hintergrundmusik überdeckt störende (Arbeits- oder Neben-)Geräusche.
- Musik zur Konditionierung und Beeinflussung subjektiver Gestimmtheit:
  Musik aktiviert müde und beruhigt nervöse Menschen.
- Stabilisierung durch emotionale Gleichschaltung:
  Der vertraute musikalische Bezugsrahmen sorgt für emotionales und affektives Wohlbefinden und verhindert beim Kauf oder Genuss „störende" Kognitionen (Rösing 1993, S. 122).

Ambiente- oder Hintergrundmusik am Point of Sale oder in der Gastronomie strategisch eingesetzt soll positive Auswirkung haben auf

- das Kaufverhalten,
- das Gefallen der Ware,
- die Kaufbereitschaft,

- die Aufenthaltsdauer,
- die Verzehrdauer,
- die Wartezeitbewertung,
- die Einstellung zu Laden-/Verkaufspersonal und
- die Informationsverarbeitung.

Generelle Muster von Hintergrundmusik sind:

- Vertraute und bekannte Musik wird in neue Arrangements gebracht, sodass die direkte Identifizierung des Musikstückes nicht möglich ist. Der Bekanntheitsgrad bezweckt eine emotional positive Zuwendung zur Musik. Durch die Bearbeitung der Stücke hin zur Anonymität soll jedoch eine zu starke Aufmerksamkeitszuwendung verhindert werden.
- Die musikalische Struktur wird einfach gehalten. So dienen unter anderem kurze und prägnante Motive, häufige Motivwiederholungen, eine einfache Harmonik und Rhythmik der leichten Rezipierbarkeit der Musik im Background.
- Das Tempo richtet sich nach dem menschlichen Puls. Abweichungen vom Biorhythmus mit etwa 70 Schlägen pro Minute werden nur achtsam im Verlauf einer Programmsequenz verwendet.
- Auf Sologesang wird verzichtet, um die Neigung, genauer hinzuhören und den Text zu verfolgen, zu vermeiden sowie die musikalischen Protagonisten kognitiv zu identifizieren. So wird die Singstimme oft eliminiert und die Melodie von einem Soloinstrument gespielt.
- Ein möglichst gleichbleibender Lautstärkepegel bestimmt die dynamische Breite der Einspielung. Die Wiedergabestärke lässt sich auf diese Weise exakt dosieren, sodass sie über dem allgemeinen Geräuschpegel liegt.
- In der Instrumentation dominieren Verschmelzungsklänge. Der Sound wirkt entkernt, da zum Beispiel schrille Klangkombinationen vermieden werden. Häufig wird die Musik synthetisch erzeugt und mit Hall eingeebnet. Denn weiche und nicht zu stark mit klaren Konturen ausgestattete Musik verhindert, dass die Musik akustisch zu auf- bzw. eindringlich wirkt.
- Die Beschallung erfolgt möglichst gleichmäßig, die Musik ist indirekt und ihre Klangquelle lässt sich kaum ausmachen. Die Bandbreite der Übertragungsfrequenz ist begrenzt, es gibt keine markanten tief- und hochfrequenten Klangteile und eine scharfe Kontur des Sounds wird vermieden. Zudem werden oft Ein- und Ausblendungen verwendet, sodass die einzelnen Musikstücke keinen eindeutigen Anfang oder ein eindeutiges Ende haben, sondern wirken wie Teile eines fließenden Klangteppichs (Klußmann 2005, S. 43–44; Rösing 1993).

Nicht nur die Musik also solche, auch die Herkunft der Musik oder bei eingesetztem Gesang die Sprache haben Auswirkungen auf das Verhalten des
Kunden. In einer Studie hat sich gezeigt, dass Kunden bei deutscher Musik im
Kaufhaus an Bier und Bratwurst gedacht hätten, während sie bei französischer
Musik Wein assoziieren. Und mit klassischer Musik im Hintergrund sind Kunden
eher bereit, mehr zu zahlen als mit anderer Ambientemusik oder ganz ohne
musikalische Beschallung (North et al. 2015).

Gerade in relevanten Räumen oder innenarchitektonisch anspruchsvollen
Räumlichkeiten spielt neben der inhaltlichen oder stilistischen Auswahl der
Musik oder Gestaltung des Soundscape eine professionelle Beschallungstechnik
eine wichtige Rolle. Ohne eine tontechnisch saubere Übertragung kann der
abgespielte Sound als Klangambiente keine für die Marke positive Wirkung ent-
falten oder kann sogar bei Einsatz unzureichender Technik negativ wirken.

4.2.1 Gastronomie

Ob Restaurant, Café oder Bar: Gerade die Hintergrundmusik beeinflusst in der
Gastronomie ganz wesentlich, ob und wie sehr sich Gäste wohl fühlen, wie lange
sie verweilen und wie viel sie konsumieren. Sinnvollerweise sorgt eine zum
gesamten Gastronomiekonzept passende Musikkulisse dafür, dass rund um die
Uhr immer eine akustisch unterstützte Wohlfühlatmosphäre in der Location
herrscht.

Die hintergründige Beschallung sollte daher kein eingeschalteter Radiosender
mit Musik, Moderation, Wortbeiträgen und Werbung sein, der den Gast von
seiner Unterhaltung oder Entspannung vor Ort akustisch ablenkt. Die gewählte
Musikrichtung sollte dabei dem gesamten Gastronomiekonzept, den Räumlichkeiten und der angesprochenen Zielgruppen in der Tonalität entsprechen.
Musikalische Stilrichtungen wie Pop, Lounge, Charts, Dance, Young Urban,
Chill House oder auch Jazz und Klassik schaffen eine unverwechselbare Klangatmosphäre und bei den Gästen für ein subtiles oder bewusst wahrgenommenes
individuelles Acoustic Branding. Zugleich erhöht das passende musikalische
Ambiente die Aufenthaltsqualität, wirkt tiefenpsychologisch positiv und sorgt
auch für akustische Diskretion in einem mehr oder minder öffentlichen Raum.
Neben den Gästen können auch die dort arbeitenden Mitarbeiter auditiv positiv
beeinflusst werden.

Als historisch genreschaffend und bildend gilt neben der Live-Barmusik der
20er/30er Jahre das Konzept von „Café del Mar": Das am Meeresufer gelegene
Café in der Bucht Cala des Moro auf Ibiza sorgt seit 1980 mit seinen gleich-

namigen Soul-House- und Chill-Out-Kompilationen und Playlists für die
passende Akustikkulisse bei entspannenden Drinks, mediterraner Gastronomie
und beeindruckenden Sonnenuntergängen. Diese Art von auditivem Ambiente
wird in adaptierter oder abgewandelter Form in zahlreichen Erlebnisgastronomie-
konzepten eingesetzt.

Beispiele

- Peter Pane: Die bundesweite Burgergrill- und Barkette „Peter Pane" setzt
  in ihren Restaurants auf Acoustic Branding. Die Markenkommunikation
  der gastronomischen Genussreise mit Hamburgern, Salaten und Getränken
  („Unbeschwerte Augenblicke in einem Traumland") wird neben entsprechend
  bezeichneten Produkten und einer kreativen, leichten und phantasievollen
  Innenarchitektur gezielt durch Hintergrundmusik in den Gasträumen und
  einem Hörspiel unterstützt. „Peters Hörspiel – ein traumhaftes Märchen" wird
  im Hintergrund in den Sanitärräumen abgespielt und erzählt die „Story" des
  Restaurant-Namensgebers Peter Pane („Höre niemals auf, Kind zu sein und
  Freude am Träumen zu haben") (Peter Pane n. d.).
- Die Panorama- und Cocktailbar „Jule Verne" und die französische „Brasserie
  Lipp" in Zürich setzen ebenso in ihrem Acoustic Branding wie die „Aloha
  Poke"-Kette in München, Düsseldorf, Köln, Nürnberg, Frankfurt und Münster
  auf Hintergrundmusik, die ihrem Gastronomiekonzept und ihrer Zielgruppe
  entsprechende Konsumstimmung und ein entspanntes Gastronomie- bzw.
  Barerlebnis akustisch erzeugt (Ketchup Music n. d.).

4.2.2 Hotels und Kreuzfahrtschiffe

In Hotels, Resorts, Lodges und auf Kreuzfahrtschiffen wird Acoustic Branding
in Form von individueller Hintergrundmusik nach unterschiedlichen Kriterien
gezielt eingesetzt. Die Wahl der Musik richtet sich dabei nach der jeweils vom
Gastgeber geplanten Stimmungserzeugung beim Gast oder Passagier in der
Unterkunft.

Professionell abgestimmt wird Hintergrundmusik in Hotels oder Kreuzfahrtschiffen nach

- dem Gesamtkonzept des Hotels (z. B. sportlich, klassisch, designorientiert),
- den Funktionen der jeweiligen Räumlichkeiten (z. B. Rezeption, Lobby,
  Toiletten, Flure, Zimmer, Spa, Restaurant, Bar),
- den Tageszeiten (z. B. morgens, nachmittags),

- der Saisonalität (z. B. Winter, Sommer) und
- der Geographie (z. B. Lage des Hotels, Route des Kreuzfahrtschiffes).

So klingt ein Wellness-Hotel an der Ostsee grundsätzlich anders als ein Bergresort in den Alpen, hintergründige Musik auf einer Karibikkreuzfahrt erzeugt ein anderes auditives Ambiente als eine Schiffstour durch die Fjorde Norwegens. Individuelle Zeitsteuerung der Hintergrundmusik über den Tag hinweg („Dayparting") sorgt dafür, dass je nach Tageszeit ein Musikprogramm ausgestrahlt wird, das für diesen Zeitraum stimmungsmäßig passend ist: Am Morgen sorgen belebende, tagsüber dezente, abends eher beruhigende Sounds für ein ganztägiges „Mood Management" des Gastes durch den Gastgeber.

Auch die Verortung der Räume und ihre Funktion spielt in der Steuerung der Musik in stationären oder schwimmenden Hotels eine musikbestimmende Funktion. So wird der Gast in der Rezeptionslobby akustisch anders empfangen als beim Aufenthalt auf den Toiletten und Fluren – oder im Zimmer. Auch Restaurants, Bars, Spas oder Wellnessbereiche lassen sich musikalisch in ihrer Atmosphäre akustisch individualisieren: Sie sorgen damit für einen einerseits positiven strukturellen „Mood" beim Aufenthalt, andererseits für eine unterhaltsame Abwechslung innerhalb des Hotels oder Schiffes durch ihre auditive Unterscheidbarkeit.

Neben der für das Hotel oder das Kreuzfahrtschiff markenidentitätsverstärkenden Funktion hat ein hintergründiger Soundscape oder eine Background Music noch eine weitere pragmatische Funktion: Ähnlich wie in der Gastronomie schafft der gezielt eingesetzte Klangteppich eine neutralisierende Akustikkulisse zur Filterung von störenden Gesprächs-, Geschirr- oder Besteckgeräuschen.

Im Zusammenspiel mit weiteren multisensuellen Instrumenten (z. B. prägnanter Duft, charakteristische Innenarchitektur, typische Textilien, szenografische Beleuchtung) können mit strategisch eingesetztem Acoustic Branding zielführende Erlebnisräume in der Hotellerie und auf Ozeanriesen inszeniert werden, die eine positive Bewertung des Aufenthaltes oder auch längeres Verweilen beim Gast verursachen.

Beispiele

- Aida Cruises: Die Kreuzfahrtschiffe der Reederei „Aida Cruises" sind auf ihren Reisen auf den Meeren mit bewusst eingesetztem Acoustic Branding und intelligentem Musikmanagement unterwegs. Fährt ein „Aida"-Kreuzfahrtschiff zum Beispiel durch die Karibik, spielt die Musikanlage Lounge-Musik mit karibischem Einschlag. Beim Onboarding der Passagiere hören diese eine maßgeschneiderte Playlist, die sich unterscheidet vom Musikmix auf den Sun Decks, im Poolbereich, in der Fashion Mall, im Casino, in der American Sports Bar oder dem Seafood Restaurant. Tageszeitlich abgestimmt sorgt so der strategisch geplante Hintergrundsound für ein permanentes Musik-Mood-Management der Kreuzfahrer entsprechend des generellen „Aida"-Marken- und speziellen Themenkonzeptes der jeweiligen Schiffe (Radiopark n. d.).

• Hotel Reichshof: Das 1910 erbaute Traditionshotel „Reichshof" am Hamburger Hauptbahnhof kombiniert Art-Déco-Design und historische Architektur mit Moderne und versucht, seinen Gästen auch durch einen stimmigen Sound im Hintergrund ein außergewöhnliches und vielfältiges „Reichshof"-Erlebnis im gesamten Gebäude zu bieten. So wird in der 600 m² großen und sechs Meter hohen Empfangshalle mit dem Bistro, Café und Bar „EMIL'S" eine typische und andere Musikkulisse erzeugt als im „Stadt-Restaurant" und in anderen öffentlichen Räumen im Hotel Reichshof.

4.2.3 Point of Sale Music und Instore Sound

Zur multisensuellen Kommunikation im Retail zählen nicht nur die Gestaltung der Verkaufsräume visuell durch Verkaufsmöbel, Beleuchtung, Farben und Dekorationen, olfaktorisch durch Gerüche und Düfte oder thermal durch Temperatur. Gerade auch präzise auf die Marken- und Erlebniswelt zusammengestellte Hintergrundmusik oder ein speziell komponierter Soundscape kann eine, meist vom Retail-Betreiber gezielte, vom Kunden bewusst unbemerkte Atmosphäre schaffen, die den Verkauf fördert. Auch bei Point-of-Sale-Musik in Shops und Boutiquen gilt, dass Produkt-, Marken- oder Unternehmensidentität und Klangidentität korrespondieren oder übereinstimmen müssen.

In der Regel klingt die Musik dezent im Hintergrund, da die präsentierten Produkte im Vordergrund stehen sollten und der Sound nur das Medium ist, die Verkaufsräume und das Angebot sinnlicher und emotionaler zu erleben oder den visuellen Eindruck durch eine weitere Sinnesansprache positiv zu verstärken. Da der Informationsträger Schall den Konsumenten von allen Seiten erreicht – auch bei mangelndem Sichtkontakt über Verkaufsmobiliar hinweg – kommt der akustischen Gestaltung der Umgebung im Retail große Bedeutung zu (Traindl 2010, S. 295). Dabei hat auch – wie in der Werbung – die verwendete Musikrichtung eine prägende Funktion: Der Erfahrungsspeicher assoziiert mit einem Musikstil auch Produkte und ihre Positionierung; unbewusst kann damit dem Konsumenten durch die Art der Musik eine Qualitätsrichtung vorgegeben werden („Klassik = Luxus") (Seidel 2015, S. 38; Traindl 2010, S. 296).

In der Praxis werden am Point of Sale selten eigens für die Marke komponierte Musikstücke eingesetzt, sondern individuell zusammengestellte Playlists oder GEMA-freie Kompositionen abgestimmt entsprechend der Marke, des Retailkonzeptes sowie der Standorte, Tageszeiten und Kundschaften in korrespondierenden Musikgenres.

Beispiele
- Der Airport-Shop-Betreiber Heinemann setzt zur Marketingkommunikation seiner Einkaufsbereiche nach der Sicherheitskontrolle in nationalen und internationalen Flughäfen Musik mit mehrfacher Funktion ein. Zum einen schirmt der musikalische Soundscape diese offene und durchgängige Shopping Mall von anderen Bereichen (Durchgänge, Kioske, Restaurants/Cafes etc.) des Flughafenbetriebes akustisch ab. Zum anderen schafft Heinemann ein identitätsstiftendes Branding und sorgt für emotionale Entspannung sowie aktivierende Motivation zum Kauf bei an- und abreisenden oder transferierenden Passagieren auf einer hektischen und lauten Flugreise.
- Stores und Retailketten wie Jack Wolfskin, Joop, Strellson, Body Shop oder Käfer Feinkost setzen ebenso wie Mall-Betreiber ECE, Mira oder Stilwerk speziell zusammengestellte Playlists als Hintergrundmusik ein, um sich eine akustische Identität zu geben und ihren Kunden ein auditiv begleitetes emotionales Konsumerlebnis zu ermöglichen (Stores + Shops 2019).

4.2.4 Events und Messen

Wie kaum eine andere Plattform ermöglichen Events eine intensive und direkte multisensuelle 360-Grad-Kommunikation von Marken und Produkten: Durch das gleichzeitige Setzen von optischen, haptischen, gustatorischen, olfaktorischen, thermalen, vestibulären sowie nicht zuletzt auditiven Reizen an einem Ort, können Unternehmen konzentriert die Aktivierung möglichst vieler oder aller Sinne bei Konsumenten erreichen („Synästhesieverknüpfung") (Kirchgeorg et al. 2009, S. 262). Denn die voneinander getrennten Sinnesorgane nehmen die modalspezifischen Informationen über die getrennten Eingangskanäle auf und fügen diese anschließend zu einem ganzheitlichen Bild zusammen (Esch 2018, S. 25).

Dem Acoustic Branding als Modul eines gesamtheitlichen sinnlichen Markenerlebnisses und der Erlebniskommunikation kommt deshalb die Funktion zu, bei Messen, Kongressen, Ausstellungen, Preisverleihungen und anderen Events, die Marke von Unternehmen, Produkten oder Dienstleistungen „vor Ort" auditiv live erlebbar zu machen. Unter Acoustic Branding auf Events ist grundsätzlich das bewusste Gestalten von „akustischen Szenen" in temporären Räumen durch Stimme, Ton, Geräusch, Musik, Rhythmus, Modulation, Tempo, Lautstärke und Klangfarbe im Sinn eines Corporate Soundscape zu verstehen.

Bei Messen weist Acoustic Branding zwei Funktionen auf:

1. Zum einen die Corporate Personality oder Brand Identity vor Ort im Zusammenspiel mit anderen Instrumenten der multisensuellen Marketing-kommunikation zu inszenieren, Marke und Produkt auditiv eigenständig zu positionieren und an die Eventteilnehmer zu transportieren.
2. Zum zweiten sich durch den Soundscape von der Umwelt oder dem Umfeld abzugrenzen; dazu zählen zum Beispiel auf Messen störende Hintergrund-geräusche durch Gesprächs-, Arbeits- oder Maschinengeräusche wie auch durch benachbarte Mitbewerber.

Erfahrungen zeigen, dass Messebesucher bei einer angenehmen Akustik oder Beschallung auf Messen länger auf Ständen verbleiben; Infotainment, ent-sprechend auditiv unterstützt, kann Informationen über Unternehmen oder Angebote wirkungsvoller vermitteln. Auditiv verstärkte Präsentationen und akustisch unterlegte „Geschichten" über Unternehmen oder Produkte bleiben im Ohr, unterstützen die Aufnahme von Inhalten über mehrere Sinneskanäle und prägen sich so dauerhaft besser ein. Bei Kongressen kann ein spezifischer Soundscape eines Ortes neben dem Mood Management der Teilnehmer auch zur akustischen Strukturierung der Veranstaltung eingesetzt werden. Thematisch passende und charakteristische Musikstücke oder Jingles signalisieren den Beginn und das Ende eines Events oder einzelner Themenblöcke, bei Pausen sorgt ein ausgewählter unaufdringlicher Soundscape für eine markentypische Klangatmosphäre im Hintergrund.

Beispiele

* Canon/Océ: Der Druckerhersteller Canon setzt bei seinem jährlichen „Canon Future Book Forum" gezielt Musik zur Organisation des Kongresses und zum Mood Management der Teilnehmer ein. Zur Überbrückung der Registrierungs- und Wartezeit an der Garderobe bzw. beim Auschecken vom Kongress wird das Foyer der Eventlocation entsprechend mit entspannender und ruhiger Hintergrundmusik beschallt. Nach den Kaffeepausen und dem Lunch werden die Kongressgäste durch dynamische und lautere Musik beim Start der nächsten Session zum Platznehmen im Auditorium animiert.
* Auf der „Internationalen Tourismus Börse (ITB)" transportieren die Destinationsaussteller durch musikalische oder klangliche Soundscapes

Meeres-, Alpin- oder Urwaldatmosphäre, die ihr touristisches Ziel charakterisiert; auf der „Internationalen Automobil Ausstellung (IAA)" setzen die Pkw- und Zubehörhersteller Soundscapes auf ihren Messeständen ein, um eine akustisch identitätsstiftende Umgebung für ihre Marken zu schaffen, die zugleich störende Messegeräusche aus dem Umfeld neutralisieren oder wegblenden.

4.2.5 Telefon-Hotline

So unscheinbar wie im Marketingkommunikationsmix die Telefonwarteschleife wirken mag, kommt ihr doch eine erhebliche Relevanz im Acoustic Branding zu. Das Telefon, die Hotline oder das Callcenter ist häufig einer der wenigen Touchpoints, an denen ein Unternehmen einen direkten Kontakt mit Konsumenten hat – und dies außerdem in ausschließlich akustischer Kommunikation. Gerade hier gilt es deshalb beim potenziellen, verärgerten oder bestehenden Kunden mit dem telefonischen Erscheinungsbild einen möglichst guten Eindruck zu hinterlassen. Erst recht, wenn der Interessent in einer Warteschleife auf den persönlichen Kontakt wartet und dabei seine Zeit in die Kommunikation mit dem Unternehmen investiert. Zudem sollte der Interessent in der Warteschleife gehalten werden, um diesen Kommunikationskanal zwischen Unternehmen und Konsument nicht abbrechen zu lassen.

Um die Anzahl der auflegenden Anrufer zu verringern oder möglicherweise längere Wartezeit für den Kunden so angenehm und positiv wie möglich zu gestalten, sollten Unternehmen in ihrer telefonischen Warteschleife auf den richtigen Stimmen- und Musikklang setzen. Der Hintergrund: Wenn Musik in der Telefonschleife klingt, hinterlässt diese akustische Aktivität beim hörenden Kunden den Eindruck, dass im Unternehmen etwas – in seinem Sinne – passiert und stattfindet. Der Musikklang sollte einen angenehm entspannenden, beruhigenden und positiven Charakter aufweisen und dabei gleichzeitig zu der Identität des Unternehmens oder zum Geschmack der Zielgruppe passen. Gute Warteschleifenmusik besteht daher nicht aus zu extremen Musikstilrichtungen wie beispielsweise Free Jazz aber auch nicht aus „Gedudel aus der Mozart-Schublade", wie es Telefonwarteschleifenexperte Stefan Ladage bezeichnet (Bernau 2013).

Bei einer längeren Zeit in der Warteschleife sollten sich Musik, Tonfolge oder Ansage nicht nach zu kurzer Zeit wiederholen, da diese den unangenehmen „Hold"-Zustand in der Wartezeit für den Kunden verstärken. Auch die eingesetzte professionelle Brand Voice sollte in diesem Einsatzfeld des

Acoustic Branding das Unternehmen auditiv identitätskonform und seriös repräsentieren. Gesprochener Text sollte kurz, knapp und informativ sein, um den Kunden auditiv nicht zu überlasten und sich einer positiven Rhetorik bedienen, um den Leidensdruck des Wartens beim Anrufenden nicht noch zu erhöhen. Problematisch ist die Verwendung von Werbespots oder zu werblichen Texten in der Warteschleife, da der Konsument dazu unterschwellig animiert werden kann, diese zu vermeiden – also aufzulegen (Egerer 2019).

Beispiel
Geers: Der Hörgeräte-Akustiker Geers nutzt in seiner Telefonwarteschleife die Stimme von Radio- und TV-Moderator Thomas Gottschalk, der auch in der Werbung von Geers als Testimonial auftritt. Gottschalk begrüßt Anrufer bei längerer Wartezeit am Telefon und bittet diese um Hinterlassen der Kontaktdaten, damit Geers-Mitarbeiter den Kunden zurückrufen können (Egerer 2019).

4.3 Sonstige Kommunikation

Neben dem Einsatz von Soundlogo, Brand Music oder Brand Voice in der Werbung oder von Hintergrundmusik in Locations bieten sich weitere Situationen und Plattformen an, in denen Marken und Konsumenten insbesondere akustisch miteinander kommunizieren und Acoustic Branding dementsprechend sinnvoller Bestandteil einer Omnichannel-Marketingkommunikation sein kann.

In der digitalen Kommunikation stellt insbesondere die Website von Unternehmen oder Produkten die zentrale Plattform im Kontakt mit Konsumenten dar; mit Acoustic Branding wie dem Erklingen des Soundlogos oder dem Abspielen der Brand Music beim Betreten der Website können Unternehmen auch auditiv für den User ein Markenerlebnis schaffen. Ebenso können mit Brand Music unterlegte oder von der Brand Voice kommentierte Imagefilme wie mobil nutzbare Podcasts bei der angesprochenen Zielgruppe ein die „Corporate Identity" stärkendes akustisches Marketingkommunikationselement sein.

Dank digitaler Möglichkeiten können Unternehmen, Marken oder Services nicht nur über sich werblich „reden", sondern auch – obwohl ohne menschliche Stimme versehen – selbst „sprechen". Die Stimme von mobilen oder festinstallierten Navigationsgeräten in Pkws war einer der ersten Vorboten von Acoustic Branding von „Geräten"; durch den wachsenden Einsatz künstlicher Intelligenz kommunizieren heute schon und zukünftig noch mehr Computer, Kühlschränke, Lautsprecher oder Autos mit ihren Nutzern und repräsentieren durch die vom Unternehmen gewählte „Product Voice" die Marke entsprechend akustisch.

4.3.1 Website und Social Media

In einer ganzheitlich angelegten Marketingkommunikation bieten Unternehmens- und Produktwebsites, Onlineshops oder Social-Media-Präsenzen die Möglichkeit des Acoustic Branding im Internet. Insbesondere auch weil Corporate Websites in der digitalen Markenkommunikation ein wichtiger sinnlicher Touchpoint auf der Customer Journey für Interessierte und Kunden im Kontakt mit Unternehmen und Produkten sind. Die Website – und auch der Social-Media-Auftritt – eines Unternehmens konstituiert und profiliert digital die Corporate Identity und das positive digitale, audiovisuelle Erleben einer Markenpersönlichkeit.

Der Einsatz akustischer Stimuli, deren Formen vom gesprochenen und gesungenen Text über Geräusche und einzelne Töne bis hin zur Musik reichen, kann für den Rezipienten der Website u. a. den Unterhaltungswert steigern, zur besseren Benutzerfreundlichkeit beitragen oder als Wiedererkennungsmerkmal für einzelne Produkte oder Marken dienen (Steiner 2018, S. 163).

Je nach Strategie des Unternehmens und der entsprechend gestalteten Website als „Digitale Visitenkarte", „Hauptbahnhof der Kommunikation" oder „eCommerce-Shop" bieten Websitepräsenzen die Chance, Acoustic Branding skaliert im Internet einzusetzen.

- Gesprochener und gesungener Text als zweite Kommunikationsebene („content sound")
- Stimulierende oder mit der visuellen und inhaltlichen Kommunikation korrespondierende Geräusche und Klänge als hinterlegter Soundscape („ambient sounds")
- Automatisches Abspielen des Sound-Logos und der Brand Music als akustisch begrüßende Brand Identity
- Download von Podcast als Instrument des Content Marketing
- Direktes Abspielen von Spots zur Bewerbung
- Präsentation von Imagefilmen zur Information
- Angebot von Tutorials als Ratgeber

Auch der Einsatz des Acoustic Branding auf Websites sollte sich medienadäquat nach den Kriterien einer für die angesprochene Zielgruppe interessanten Website richten: Design, Funktionalität, Usability, Informationswert und Unterhaltungswert (Steiner 2018, S. 165). Finales Ziel des Einsatzes von Acoustic Branding auf einer Unternehmens- oder Produktwebsite ist es, ein möglichst optimales Klang- oder Tonerlebnis mit einer „hohen akustischen Reizstärke" für den Konsumenten in der multimodalen Nutzung der Website zu schaffen (Steiner 2018, S. 263).

Beispiele

- Paulmann: Der Lichtsystem- und Leuchten-Hersteller „Paulmann Licht" bietet auf seiner Website nicht nur einen Imagefilm über das über 60 Jahre alte Familienunternehmen, sondern auch im Beratungsbereich audiovisuelle Tutorial-Videos mit Tipps zur Installation von Paulmann-Lichtprodukten (Paulmann n. d.).
- Club Med: Um seinen potenziellen Gästen die Destinationen und Clubs audio-visuell zu präsentieren setzt der französische Ferienclub-Urlaubsanbieter Club Méditerranée S.A. auf seiner Website „360-Grad-Videos" ein. Mit Original-tönen der Orte (Palmenrauschen, Wellenplätschern) und stimmungsvoller Backgroundmusik (Chill Out) wird neben den 360-Grad-Filmtouren ein Vorab-Urlaubserlebnis in der Marketingkommunikation vom Club Med auch mit Acoustic Branding inszeniert (Club Méditerranée Deutschland n. d.).
- Porsche: Der Stuttgarter Sportwagenhersteller Porsche bindet auf der Unter-nehmenswebsite mehrfach Acoustic Branding ein: In der Darstellung einzel-ner Modelle wie beispielsweise dem Porsche 718 Cayman präsentiert das Unternehmen im Mediacenter den Motorsound mit verschiedenen Abgas-anlagen akustisch. Ebenso sind die atmosphärisch inszenierten Videos nicht nur mit dem typischen Original-Porsche-Motorenklang, sondern auch mit dazu passender „sportlich-dynamischer" Musik hinterlegt, die die „Product Personality" des Porsche 911er, Panamera oder Macan im Internet auch auditiv quasi „live" erleben lässt (Porsche n. d.).

4.3.2 Podcast

Im Portfolio der Marketingkommunikation mit Acoustic Branding nimmt der Corporate Podcast zunehmend eine wichtige Rolle ein. „Der Begriff Pod-cast ist eigentlich ein Kunstwort. Er setzt sich zusammen aus der englischen Bezeichnung für Übertragung ‚Broadcast' und dem Begriff I-Pod, dem trag-baren MP3-Player von Apple, der maßgeblich zum Erfolg der Podcasts führte" (Schreyer 2019, S. 1). In der Regel ist ein Podcast ein serielles Medien-format bestehend aus mehreren Audiodateien, die mehr oder minder periodisch publiziert werden. Podcasts können „on demand" gehört, abonniert, herunter-geladen, gespeichert und später genutzt werden. Verfügbar sind Podcasts von Musikplattformen wie Amazon, Apple, Audio Now, Podami, Soundcloud oder Spotify sowie von Websites beispielsweise eines Unternehmens. Genutzt werden können sie u. a. via Smartphone und entsprechenden Podcasting-Apps.

Podcasts haben in den vergangenen Jahren aufgrund der Beliebtheit von Musikstreamingdiensten, Smartphones, Smart Speakern und der unkomplizierten, parallelen und mobilen Nutzung an Beliebtheit bei den Konsumenten gewonnen. So hört immerhin jeder vierte Bundesbürger (26 %, 20 Mio. Bundesbürger) regelmäßig Podcasts, jeder Elfte (9 %) sogar mindestens wöchentlich. Am beliebtesten sind Podcasts mit einer Dauer zwischen fünf und zehn Minuten; der von Hörern gewünschte Durchschnitt liegt bei 13 min (Bitkom 2019). Genutzt werden Podcasts überwiegend auf dem Smartphone (73 %) und Laptop (61 %), mit der höchsten Reichweite am Abend (AS&S 2018).

Aufgrund der zunehmenden Nutzung von Podcasts durch die Konsumenten steigt auch für die Unternehmenskommunikation die grundsätzliche Bedeutung, Podcasting als Marketingkommunikationskanal zu nutzen. Zahlreiche Gründe im Speziellen sprechen für ein strategisches Acoustic Branding durch Corporate Podcasting:

- Audioattraktivitäts-Trend:
  Datenflatrates, Musikstreamingangebote, Kopfhörer und Smart Speaker liegen im Trend.
- Hohe Zeit- und Ortsunabhängigkeit:
  Podcasts können jederzeit, überall und nebenbei parallel gehört werden.
- Gute Find- und Sichtbarkeit:
  Podcasts sind über Musikplattformen, Podcastverzeichnisse und Charts einfach und schnell zu finden.
- Geringe Nutzungsbarrieren:
  Podcasts sind auch von Nicht-Digital-Natives leicht konsumierbar, Nicht-Nutzer haben geringere Einstiegshürden, um zu Abonnenten zu werden, für den Konsum ist nur ein geringer Technikressourcenaufwand nötig.
- „Räumliche" Nähe:
  Podcasts sind ein sehr direktes Medium, das sich am und im Kopf der Zielgruppe abspielt; kein anderes Organ ist so nah am Gehirn gelagert wie das Ohr.
- Geringe Produktionsressourcen:
  Die Produktion von Podcasts ist im Vergleich zu Videoproduktionen auch aufgrund des notwendigen und günstigeren Hardware- und Software-Equipments für Aufnahme und Schnitt einfacher und kostengünstiger.
- Wirkungsvolle Marken-„Vermenschlichung" und individuelle Positionierung:
  Menschliche Stimmen im Podcasttext lassen die übermittelten Botschaften durch die eingesetzten Brand Voices authentischer, persönlicher und einprägsamer kommunizieren als durch geschriebenen Text.

Auch die Zielgruppe der Podcastnutzer spricht für einen Einsatz von Podcasts für Werbung oder Unternehmenskommunikation:

- Die audioaffine Zielgruppe wächst weiterhin kontinuierlich.
- Podcasthörer zeichnen sich durch eine hohe Mediennutzung wie auch durch eine hohe Werbeakzeptanz (Sponsoring, Audio Spots, Native Advertising) aus (AS&S 2018; Domenichini 2018a).
- Hörer von Audiopodcasts sind zudem durchschnittlich besser gebildet, kaufkräftiger und technikaffiner als Nicht-Hörer (Domenichini 2018a).
- Podcasthörer entscheiden sich aktiv für einen Podcast eines Unternehmens/ einer Marke. Das bedeutet, sie treten freiwillig und meist aktiv in Kontakt mit dem Unternehmen und sind damit grundsätzlich motiviert, dem Unternehmen zu zuhören (Domenichini 2018b, S. 584; Schreyer 2019, S. 12).

Als Formate von Corporate Podcasts lassen sich folgende Genres unterscheiden:

- Themenpodcast: Aktuelle Themen, Trends oder Entwicklungen bieten ein vielfältiges Spektrum an Content, das Unternehmen attraktiv der Zielgruppe im Podcast aus eigener Sicht akustisch nahe zu bringen. Durch Interviews mit externen Experten oder Stakeholdern bieten Unternehmen eine externe Perspektive auf sich und erzeugen Glaubwürdigkeit und Vertrauen. Als auditives Corporate-Publishing-Format im Rahmen der Unternehmenskommunikation können Themenpodcasts auch das Interesse von Medien und Bloggern wecken, im besten Sinne des Wortes „Geschichten über das Unternehmen" erzählen und so zum attraktiven Content-Vermittler werden. In der internen Kommunikation kann ein Podcast als unternehmensweites Corporate-Learning-Format genutzt werden.
- Mitarbeiterpodcast: In der internen Kommunikation mit den Mitarbeitern bietet ein Podcast die Möglichkeit Unternehmensnews als regelmäßigen Audionewsletter zu publizieren und eine akustische Kommunikation zwischen Unternehmen und Belegschaft in Situationen zu ermöglichen, in denen eine fokussierte Mediennutzung wie Lesen nicht möglich ist.
- CEO-Podcast: Im CEO-Podcast kann die Unternehmensführung als „Stimme des Unternehmens" aktuelle Themen im Unternehmen und Markt ansprechen, die Sicht und die Corporate Culture des Unternehmens darstellen, sich und damit das Unternehmen persönlich und authentisch mit seiner „Corporate Voice" positionieren („CEO Positioning"). Der CEO-Podcast kann ein Medium sein, um extern Themen zu setzen („Agenda Setting") und Kommunikationspolitik auf einem akustischen Kanal zu betreiben. Dabei

muss der CEO nicht als Solist auftreten: Er kann in einem Talk mit einem Mit-arbeiter oder Moderator zur Person oder zu Themen interviewt oder in „Meet the CEO"-, „Ask Me Anything"- oder „Questions & Answers"-Formaten authentisch von Mitarbeitern befragt werden.

- Event- und Aktionspodcasts: Veranstaltungen, Messen, Kongresse und andere Events können auch in Corporate Podcasts eine Rolle spielen, um die Corporate Culture eines Unternehmens internen und externen Zielgruppen auditiv nahe zu bringen. Paneldiskussionen, Keynotes oder eingespielte Live-/O-Töne, Interviews mit Teilnehmern sowie Keynotespeakern von Unternehmensevents tragen dazu bei, das Unternehmen durch Stimmen und Klang live und erlebbar zu machen.

Wie bei allen anderen Einsatzfeldern des Acoustic Branding gilt auch bei Corporate Podcasts: Wer sich für einen Podcast entscheidet, sollte ihn nicht als Stand-Alone-Medium betrachten, sondern wie auch alle anderen Kommunikations- bzw. Marketingmaßnahmen diesen in die übergreifende Unternehmenskommunikation integrieren. Zur konsistenten Markenführung zählt auch, einen professionellen Moderator oder bekannten Protagonisten für den Podcast zu wählen, der mit Stimme und Charisma zum Unternehmen und seiner Corporate Identity passt und es damit auditiv profiliert (Horizont 2019).

Beispiele
Unternehmen wie die Deutsche Telekom, Hornbach oder die AOK publizieren schon seit längerer Zeit Corporate Podcasts: Die Telekom konzentriert sich in ihrem Podcast auf Digitalisierung und präsentiert Beispiele aus diversen Branchen zum Einsatz mit neuen Technologien. Hornbach bezieht seine Kunden mit ein und stellt im Macher-Podcast die Projekte von Hobbyhandwerkern vor. Die AOK porträtiert in ihrem Podcast #ichbinjetzt junge Menschen, die Herausforderungen oder Krankheiten meistern müssen. Im Herbst 2018 hat Audi den Podcast „Elektromobilität" gestartet, um intern und extern das Thema der zukünftigen Automobilität in der Unternehmenskommunikation zu besetzen.

4.3.3   Imagefilm

Ein Imagefilm, auch Corporate Video, Corporate Movie oder Unternehmensvideo, bietet Unternehmen und Organisationen die Möglichkeit, sich, ihre Produkte oder Dienstleistungen in multimedialer Form, kurz und prägnant, bewusst sympathisch und positiv darzustellen. Ähnlich wie ein Werbespot soll ein

Imagefilm in wenigen Sekunden bis maximal zehn Minuten zur Markenbekannt-
heit, Bildung und Bindung beitragen, anders als ein Werbefilm jedoch nicht zu
einem direkten Abverkauf motivieren. Produkte und Dienstleistungen werden
in Imagefilmen deshalb glaubwürdig und authentisch mit eher dezentem werb-
lichem Charakter audiovisuell potenziellen Kunden, Partnern oder Mitarbeitern
präsentiert.

Dementsprechend spielen in Imagefilmen neben den optisch dargestellten
Szenen und Situationen, Protagonisten und Produkten auch Klänge und Stimmen
eine wichtige Rolle. So kann mit Acoustic Branding die „Story" der Marke durch
die Brand Voice markant erzählt, mit im Hintergrund spielender Brandmusik eine
emotionale Stimmung aufgebaut oder durch den Einsatz von Geräuschen oder
Brand Icons das Produktverständnis erhöht werden.

Die professionelle Konzeption und Produktion bei Ton und Klang von Imagefilmen lohnt sich auch wirtschaftlich aufgrund ihrer vielfältigen Einsatzmöglich-
keiten: Auf Websites, in Newslettern und in Social Media sollten Imagefilme
audiovisuell schnell und leicht auf mobilen Endgeräten konsumierbar sein. Auf
Messen und Events wiederum können Imagefilme auf Großbildschirmen oder
Projektionen durch den Einsatz von High-End-Beschallungstechnik mit dem ein-
gespielten Sound bei entsprechender Lautstärke auch auditiv emotional beein-
drucken. Sollte ein unternehmenstypischer Soundscape im Imagefilm erzeugt
oder spezifische Brandmusik komponiert oder eingesetzt werden, sollte diese von
Beginn an mit geplant und einkalkuliert werden, damit das Video wie aus einem
Guss wirkt und wirkungsvoll zum Transport der Corporate Identity innerhalb der
integrierten Marketingkommunikation beiträgt.

Da häufig bei informierenden Unternehmensfilmen zur besseren Verständlich-
keit eine Stimme aus dem „Off" im Hintergrund textlich durch den Film führt,
kommt es bei der Konzeption und Produktion von Imagefilmen zur Wahrung des
Acoustic Branding auf die Wahl eines entsprechenden Sprechers an. Dies muss
nicht unbedingt ein professioneller oder gar prominenter Sprecher sein, sondern
kann auch zur authentischen Kommunikation des Contents ein geeigneter Mitarbeiter des Unternehmens sein. Entscheidend ist mit der Brand Voice eine zur
Emotion oder zum Inhalt des Filmes passende auditive Stimmung aufzubauen.

Beispiele
- Burmester: Die kratzige, brüchige Erzählstimme von Profi-Synchronsprecher
  Christian Brückner („The Voice") untermalt in epischer Tonalität im Wechsel
  mit klangvoller Musik den Imagefilm der Burmester Audiosysteme. Die
  sich ändernde Hintergrundmusik verändert wiederum entsprechend der
  episodenhaften Dramaturgie die emotionale und auditive Atmosphäre des

Videos. Die professionelle Qualität und das hohe audiovisuelle Niveau des Burmester-Audio-Imagefilms kommuniziert die Perfektion und den Anspruch des Unternehmens, das auf ein High-End-Klangerlebnis ausgelegt ist (Burmester 2018).

- Weissenhaus Grand Village Resort & Spa am Meer: Das Luxus-Strandresort an der Ostsee inszeniert sich in seinem Imagevideo als naturnahe und -verbundene Erlebnislocation: Langsame klassische Musik im Hintergrund begleitet die Slowmotion-Filmaufnahmen von der Resortumgebung und der Hotelanlage selbst. Eine sehr betont ruhig, fast schon meditierend sprechende Frauenstimme intoniert einen poesiehaften Text über Liebe, der dramaturgisch in einem finalen „Willkommen auf Weissenhaus" endet (Weissenhaus 2020).
- Schüco: Der Fenster-, Türen- und Fassadensystem-Hersteller Schüco spielt in seinem Imagefilm akustisch gezielt mit dem Gegensatz von Umwelt- und Großstadtlärm und der Ruhe, die in der Natur herrscht und durch Schüco-Produkte möglich wird. Im Wechsel von lauten, leisen und stillen akustischen Tonsequenzen des Films wird das Image der Produkte durch Acoustic Branding wirkungsvoll kommuniziert (Schüco 2017).

4.3.4 Voicebots, Branded Skills und Apps

Ausgestattet mit künstlicher Intelligenz und Invisible Interfaces, werden Audiobots, Skills und deren Voices, zu immer wichtigeren Touchpoints in der Marketingkommunikation von eigentlich stimmlosen „Dingen" wie Lautsprechern, Fernsehern, Computern oder Automobilen. Denn dank Sprachassistenten wie Alexa (Amazon), Cortana (Microsoft), Google Assistant (Google) oder Siri (Apple) können auch Sprache, Stimme und Sprachstil für „Voice User Interfaces" gebrandet werden, um die stationäre und mobile Interaktion zwischen Unternehmen und Konsumenten zu differenzierenden auditiven Markenerlebnissen zu machen.

Die aktuell häufigste Anwendung von Sprachassistenten findet in Smartspeakern und Smartphones statt; immerhin schon durchschnittlich 30 % der deutschen Konsumenten nutzten 2019 Sprachassistenten (Deloitte 2019, S. 23). Die Verbraucher schätzen den Einsatz von Sprachassistenten wegen des Komforts, der Schnelligkeit und der Fähigkeit, mehrere Aufgaben gleichzeitig erledigen zu können: Insgesamt sind 71 % mit der Erfahrung zufrieden (Bundesverband Digitale Wirtschaft [BVDW] 2019, S. 4). Einkaufen per Voice Assistant wird in fünf Jahren für fast zwei Drittel der Konsumenten ganz normal sein (GfK 2019, zitiert nach Hermes 2019, S. 21). Dementsprechend wird das

Marktwachstum von Smartspeakern auf jährlich 653 % in den ersten fünf Jahren geschätzt, was mehr als doppelt so hoch ist wie das Smartphonewachstum in den ersten fünf Jahren (BVDW 2019, S. 2).

> „Sprachassistenten sind Softwaresysteme, die mittels Kommunikation in natürlicher, menschlicher Sprache Informationen abfragbar machen, Dialoge führen und Assistenzdienste der verschiedensten Art erbringen können. […] Als Smartspeaker werden Geräte bezeichnet, die als Standalone-Geräte einen Zugriff auf Sprachassistenten bieten. Sie bestehen im Wesentlichen aus Lautsprecher, Mikrophon und eingebetteter Elektronik und sind für ihre volle Funktion auf eine aktive Internetverbindung angewiesen, um eine Verbindung zur Sprachassistenten-Software aufzubauen" (Hörner 2019).

Sprachassistenten in der Marketingkommunikation finden Anwendung in der akustischen und automatisierten „Corporate Conversation" und im „Conversational Commerce": In der Erledigung von Konsumentenanfragen („Rezeption"), in der Beratung über Produkte und Dienstleistungen („24/7"), im Kauf („Omnichannel Conversion to Commerce"), im After Sales Service („Live Chat") oder bei der Konfiguration von Diensten oder Geräten („Self Service"). Für Unternehmen bietet der Einsatz von über die Stimme gesteuerter Kommunikation nicht nur eine Kostenersparnis im Kundenservice: Im Kontakt mit dem Kunden kann durch eine entsprechend unternehmensspezifisch gewählte „Brand Voice" die „Corporate Identity" akustisch ubiquitär und personalisiert vermittelt werden.

Auch wenn die Zukunft der digitalen Marketingkommunikation nicht ausschließlich akustisch sein wird: Sprachassistenten werden aktuell in Millionen von stationären und mobilen Objekten integriert und so in den nächsten Jahren in die Haushalte und in die selbstverständliche Nutzung von Konsumenten kommen. Dabei kommt neben der technischen Fähigkeit und Umsetzbarkeit der identitätsadäquaten Auswahl der Markenstimme („Brand Voice") große Bedeutung zu, sie stellt in diesem Kanal den einzigen – nämlich nur den akustischen – Beziehungspunkt zwischen Marke und Konsument dar. Denn dank Digitalisierung und der damit möglichen hochgradigen Personalisierung der Kommunikation senden – ähnlich wie visuelle Signale – Stimme und Stimmklang prägende charakteristische Botschaften, die die Marke nicht nur verständlich, sondern auch wiedererkennbar und unterscheidbar machen. Und dies vor der Herausforderung, dass die User möglicherweise die Stimme ihres Smartspeakers individualisieren wollen und lieber mit ihrem Partner oder Ryan Gosling als mit Volkswagen oder Nivea „sprechen" wollen (Metaprofiler 2019).

Die Herausforderung für Unternehmen sich und ihrem Produkt- oder Service-angebot im „Acoustic Branding" eine Stimme – und auch der Voice App einen Namen – zu geben, sind dabei ebenso grundsätzlich wie vielfältig. Dazu gehört das Verständnis

- für eine „Voice"-Strategie innerhalb der Marketingkommunikation („Voice First", „Voice Only", „Omnichannel"),
- für das eigene, stimmlich transportierte Produkt (physisches Gut, Dienstleistung),
- für die Art und Intention der Kommunikation (informativ, transaktionsorientiert, geführt, frei),
- für den „Tone of Voice" der automatisierten Sprache („Menschlichkeit" und Geschlecht der Stimme, autoritäre, dynamische, junge, tiefe, schnelle, kräftige, sanfte, emotionale Tonalität; Einschätzung der Stimmung des Benutzers),
- für den adressierten Nutzer, der den Sprachassistenten vorrangig als persönlichen, nützlichen Assistenten verwenden möchte,
- für die monokanalige Technik, die „Voice" zu einem akustischen Gatekeeper des Nutzers macht,
- für die Touchpoints und das Nutzungsumfeld wie Ort (Schlafzimmer, Küche), Häufigkeit oder Anwendungsgebiete (Steuerung Smart Home, Wetterabfrage, Shopping)
- für die Chancen und Limitierungen der technischen Nutzbarkeit des Sprachassistenten,
- für die grundsätzliche Komplexität von Kommunikation und nicht zuletzt
- für die Eigenschaften natürlich gesprochener und wirkender Sprache (Beyto 2019; Capgemini 2019; GS1 Germany 2018; Hermes 2019; Marketing Resultant 2018).

Beispiele
- Otto: Schon seit Herbst 2017 setzt Otto die digitale Assistentin „Clara" ein: Nutzer können im interaktiven Dialog bestellen oder mit Otto kommunizieren; die Software führt ein Gespräch mit dem Nutzer, fragt aktiv, was sie noch tun kann, beantwortet Nachfragen und verabschiedet sich zum Ende auch standesgemäß (BVDW 2019, S. 23–24).
- Rewe: Die Supermarktkette Rewe kommuniziert mit ihren Konsumenten akustisch auch über den „Rewe Voice Assistant". Via Google Assistant und Amazon Alexa und entsprechenden Google-Home-Geräten, Android

Smartphones und iPhones können sich Nutzer sprachgesteuert Rezepte oder aktuelle Rewe-Angebote anhören und sie auf die „akustische" Einkaufsliste setzen sowie diese auch im Rewe-Shop online bestellen (Rewe n. d.).

- Zalando: Mit dem Geschenkefinder Zoe kommuniziert der Onlineshop Zalando via Google Assistant und entsprechender Hardware bei der Suche nach einem passenden Geschenk mit seinen Konsumenten. Auf spielerische, aber auch persönliche Art, stellt der Chatbot dem Nutzer eine Reihe von Fragen und schlägt auf der Basis der Antworten Produkte aus dem Onlinesortiment von Zalando vor. Die Marketingkommunikationsidee dahinter: Der Kunde soll von Zalando akustisch so individuell und quasi persönlich beraten und unterstützt werden, wie es eher für kleine Boutiquen mit menschlichem Verkaufspersonal typisch ist (Zalando 2017).

4.3.5 Car Sound Skills

Neben den bewusst designten Sounds von Verbrennermotoren wie beispielweise beim Automobilklassiker „Porsche 911" erhalten auch bei Automobilen mit alternativen Antrieben identitätsstiftender Produkt- und Markenklang eine neue Bedeutung als Touchpoints im kommunikativen Kontakt mit den Konsumenten (Haverkamp 2007; Steiner 2018, S. 144 ff.). In zweierlei Hinsicht: zum einen fordert die EU-Verordnung für „Acoustic Vehicle Alerting Systems" (AVAS) seit 1.7.2019, das neu entwickelte Elektro-, Brennstoffzellen- und Hybridfahrzeuge bei einem Tempo von bis zu 20 km/h ein akustisches Warnsignal für Fußgänger oder Fahrradfahrer abgeben müssen. Das Geräusch soll laut Europäischer Union an einen Verbrennermotor der gleichen Fahrzeugklasse erinnern, möglicherweise soll ein gerichteter Schall nur für Fußgänger oder Radfahrer hörbar sein, die sich gerade im Gefahrenbereich befinden. Zum zweiten „leiden" technikbedingt lautlose E-Automobile darunter, im Innenraum kein akustisches Feedback zum Beispiel beim Beschleunigen zu geben – außer durch Wind- oder Reifenabrollgeräusche. So arbeiten Sounddesigner aller Autohersteller am Außen- wie Innenklang von E-Autos als wichtiges akustisches Element der Markenidentität (Ilg 2018).

Beispiele

- Volkswagen: Für die elektrisch angetriebenen ID.-Modelle hat Volkswagen einen eigenen Sound entwickelt, so wurde der Klang des ID.3 in Zusammenarbeit mit dem Komponisten und Musikproduzenten Leslie Mandowki von Volkswagen definiert. „Wie ein Elektroauto klingt, bestimmt seine Identität.

Der Sound sollte souverän und sympathisch sein. Er darf gerne futuristisch klingen und muss darüber hinaus durch seine Einzigartigkeit überzeugen", erläutert Dr. Frank Welsch, Entwicklungsvorstand der Marke Volkswagen (Volkswagen 2019).

- BMW: Der bayerische Automobilbauer BMW entwickelt unter dem Markennamen „BMW IconicSounds Electric" Soundangebote für elektrifizierte Fahrzeuge; Hollywood-Filmkomponist und Oscar-Preisträger Hans Zimmer komponiert für BMW den E-Sound des BMW Vision M NEXT, um „auch Emotionen für die elektrische Fahrfreude der Zukunft mit BMW zu gestalten" (BMW Group 2019a, b).

Summary

Aufgrund austauschbarer Produkte, fragmentierter Zielgruppen, unterschiedlichster Customer Journeys und vielfältiger medialer und non-medialer Touchpoints mit den Konsumenten gilt es möglichst viele, idealerweise alle, in der Marketingkommunikation akustisch bespielbare Kanäle auch mit Acoustic Branding zu vernetzen. Auch aufgrund des vermehrten Einsatzes von Stimme und Ton im Bereich des „Internet of Things" oder „Conversational Commerce" ist eine akustische Kommunikation zwischen Mensch, Maschine und Marke zunehmend bedeutsam und notwendig. Ziel in der identitätsbasierten multisensuellen Markenführung mit Acoustic Branding muss es sein, auch mithilfe von akustischer Präsenz und auditiver Erlebnisse die Marken von Unternehmen, Produkten oder Servicediensten identitätsstiftend beim Konsumenten emotional zu verankern.

Unternehmen sollten daher bei dem damit notwendigen Omnichannel-Marketing mit dem Einsatz von Soundlogo, Brand Music, Corporate Voice und Soundscape über Websites, Mobile Apps, Onlineshops, Social Media, Smartspeaker, Podcasts oder über klassische Werbung in Kino, Fernsehen und Hörfunk bis zum stationären Handel, in Locations oder auf Events einen einheitlichen und auditiv wiederkennbaren Markenauftritt schaffen. Denn Acoustic Branding bewirkt, dass Konsumenten die Marke schnell erkennen und sich für sie entscheiden können: Schon wenige Klänge einer Brand Music, ein Sound Icon aus wenigen Sekunden oder ein paar Worte der Brand Voice sorgen für die wirkungsvolle Marketingkommunikation von Unternehmen, Produkten und Services.

Was Sie aus diesem *essential* mitnehmen können

- Acoustic Branding ist ein empirisch bewiesenes, grundsätzlich und nachhaltig wirkungsvolles Instrument in der Marketingkommunikation.
- Acoustic Branding verstärkt im kombinierten Einsatz mit anderen Elementen des Corporate Designs die multisensuelle Kommunikation von Produkten und Dienstleistungen.
- Acoustic Branding lässt sich auch mit einfachen technischen Mitteln und kleinen Kommunikationsbudgets von Unternehmen jeglicher Größenordnung effizient realisieren.
- Acoustic Branding ist im strategischen wie operativen Omnichannel-Marketing aufgrund der zahlreichen Einsatzfelder vielfältig und synergetisch verwendbar.
- Acoustic Branding kommt aufgrund des zunehmenden Einsatzes von Sprache als Kommunikationsschnittstelle zwischen Unternehmen, Produkt, Dienstleistung und Konsument in Zukunft wachsende Bedeutung zu.

Marketingkommunikation mit Acoustic Branding

In der multisensuellen Kommunikation der Corporate Identity kommt der akustischen Markenführung bei der Positionierung von Unternehmen, Marken und Produkten im wachsenden Kampf um die Aufmerksamkeit von Konsumenten zunehmende Bedeutung zu. Mit Background-Musik am Point-of-Sale oder in der Gastronomie, Sound-Logos, Jingles und Sound Icons in der TV- und Radio-werbung sowie Chat-Bots und Smart Speaker Skills im eCommerce profilieren und emotionalisieren Unternehmen ihre Marke nicht nur visuell sondern auch akustisch. Kompakt und grundsätzlich stellt dieses *essential* vor dem Hinter-grund von identitätsbasierter Markenführung und integrierter Marketing-kommunikation die Ziele, Charakteristika und Wirkungen von „Acoustic Branding", „Audio Branding" oder „Sonic Branding" dar. Umfassend und aktuell bietet der Autor einen grundlegenden Überblick über die Elemente und Einsatz-felder der Marketingkommunikation von Audiologo, Brand Voice, Brand Music oder Brand Podcast in Radio, TV- und Kino-Werbung, bei Events und Messen, als Ambiente-Musik in Shops, Restaurants oder Hotels und als digitale Stimmen in Bots, Apps oder Telefon-Hotline. Konkrete Beispiele erläutern die Chancen des akustischen Corporate Designs durch Musik, Klang, Stimme, Geräusch und Ton.

Literatur

Agentur Stimmgerecht. (n. d.). Dietmar Wunder. https://www.stimmgerecht.de/sprecher/435/Dietmar-Wunder.html. Zugegriffen: 04. Februar 2020.

ALM. (2017). *Jahrbuch 2016/2017.* https://www.die-medienanstalten.de/publikationen/jahrbuch/news/jahrbuch-20162017-landesmedienanstalten-und-privater-rundfunk-in-deutschland/. Zugegriffen: 04. Februar 2020.

Anzenbacher, C. (2012). *Audiologos: Integrative Gestaltungsmaßnahmen vor dem Hintergrund der Musikpsychologie.* Baden-Baden: Nomos.

ARD-Forschungsdienst. (2017a). Auswirkungen prominenter Werbepresenter auf die Markenwahrnehmung. *Media Perspektiven, 2017*(6), S. 352–353.

ARD-Forschungsdienst. (2017b). Gestaltung und Wirkung von Radiowerbung. *Media Perspektiven, 2017*(10), 529–531.

ARD-Forschungsdienst. (2018a). Die Bedeutung von Musik in der Werbung. *Media Perspektiven, 2018*(6), 320–323.

ARD-Forschungsdienst. (2018b). Gestaltung und Wirkung von Radiowerbung. *Media Perspektiven, 2018*(2), 95–97.

AS&S Radio.(2018). *Spot on Podcast: Hörer & Nutzung in Deutschland 2017/18.* https://www.ard-werbung.de/spotonpodcast/. Zugegriffen: 04. Februar 2020.

AS&S Radio (2019): *Audio Assets & Brand Building: Wie Audio-Strategien Marken stärken.* https://www.ard-werbung.de/audio-assets/. Zugegriffen: 04. Februar 2020.

Audi. (n. d.). Corporate sound. https://www.audi.com/ci/de/guides/corporate-sound1/corporate-sound.html. Zugegriffen: 04. Februar 2020.

BAUHAUS. (2019). Richtig gut macht richtig glücklich. https://youtu.be/4qDd5TeoJEI. Zugegriffen: 04. Februar 2020.

Bernau, V. (2013). Dieter Bohlen der Warteschleife. https://www.sueddeutsche.de/wirtschaft/musik-bei-telefon-hotlines-dieter-bohlen-der-warteschleife-1.1685770. Zugegriffen: 04. Februar 2020.

Beyto. (2019). *Smart Speaker Studie 2019.* https://www.beyto.com/beyto-studie-smart-speaker-2019/. Zugegriffen: 04. Februar 2020.

Bitkom. (2019). Jeder Vierte hört Podcasts. https://www.bitkom.org/Presse/Presse-information/Jeder-Vierte-hoert-Podcasts. Zugegriffen 04.02.2020.

BMW Group. (2013). Neues Sound Logo für die Marke BMW: Dynamische Melodie wird neues Erkennungsmerkmal für BMW. https://www.press.bmwgroup.com/deutschland/article/detail/T0137954DE/neues-sound-logo-fuer-die-marke-bmw?language=de. Zugegriffen: 04. Februar 2020.

BMW Group. (2019a). So klingen Fahrzeuge der Zukunft: Hans Zimmer und BMW Group arbeiten gemeinsam am Sound Design für Elektromobilität. https://www.press.bmwgroup.com/deutschland/article/detail/T0297356DE/so-klingen-fahrzeuge-der-zukunft:-hans-zimmer-und-bmw-group-arbeiten-gemeinsam-am-sound-design-fuer-elektromobilitaet. Zugegriffen: 04. Februar 2020.

BMW Group. (2019b). So klingt BMW IconicSounds Electric beim Vision M NEXT auf dem Fahrersitz bei Beschleunigung – mit BOOST-Moment. https://www.bmwgroup.com/de/NEXTGen/iconic_sounds.html Zugegriffen: 04. Februar 2020.

Bronner, K. (2007). Schöner die Marken nie klingen… Jingle all the Way? Grundlagen des Audio-Branding. In: K. Bronner & R. Hirt (Hrsg), *Audio-Branding: Entwicklung, Anwendung, Wirkung akustischer Identitäten in Werbung, Medien und Gesellschaft* (S. 50–69). München: Reinhard Fischer.

Bundesverband Digitale Wirtschaft. (2019). *Conversational Commerce: Time to talk.* https://www.bvdw.org/fileadmin/user_upload/BVDW_Conversational_Commerce.pdf. Zugegriffen: 04. Februar 2020.

Burmann, C., Halaszovich, T. F., Schade, M., & Hemmann, F. (2015). *Identitätsbasierte Markenführung: Grundlagen – Strategie – Umsetzung – Controlling* (2. Aufl.). Wiesbaden: Springer Gabler.

Burmester. (2018). Burmester Audio Imagefilm. https://youtu.be/nwwUdE5bUxo. Zugegriffen; 04. Februar 2020.

Capgemini. (2019). *Smart talk: How organizations and consumers are embracing voice and chat assistants.* https://www.capgemini.com/de-de/wp-content/uploads/sites/5/2019/09/Report_Conversational-Interfaces-1.pdf Zugegriffen: 04. Februar 2020.

CI-Portal. (2006). Die Klangwelt der Lufthansa. https://www.ci-portal.de/die-klangwelt-der-lufthansa/. Zugegriffen: 04. Februar 2020.

Club Méditerranée Deutschland. (n. d.). 360° Grad Videos. Von unseren Sommerresorts. https://www.clubmed.de/l/Sommerresorts-Videos. Zugegriffen: 04. Februar 2020.

Coca Cola. (2017). So klingt Coke: Zisch und Aaaaah! www.coca-cola-deutschland.de/stories/so-klingt-coke-zisch-und-aaaaah. Zugegriffen: 04. Februar 2020.

Deloitte. (2019). *Global Mobile Consumer Survey 2019: Ergebnisse für den deutschen Mobilfunkmarkt.* https://www2.deloitte.com/de/de/pages/technology-media-and-telecommunications/articles/global-mobile-consumer-survey-deloitte-deutschland.html Zugegriffen: 04. Februar 2020.

Deutsches Patent- und Markenamt. (2019). Hörmarke. Glossareintrag. https://www.dpma.de/service/glossar/e-h/index.html#a15. Zugegriffen: 04. Februar 2020.

Deutsches Patent- und Markenamt. (2020). Registernummer: 39940591. https://register.dpma.de/DPMAregister/marke/register/399405917/DE. Zugegriffen: 04. Februar 2020.

Domenichini, B. (2018a). Formen und Wirkungsweise von Werbung in Podcasts: Ergebnisse einer empirischen Studie. *Media Perspektiven, 2018*(12), 583–586.

Domenichini, B. (2018b). Podcastnutzung in Deutschland: Ergebnisse einer empirischen Studie. *Media Perspektiven, 2018*(2), 46–49.

Egerer, K. (2019). Thomas Gottschalk wirbt für Hörgeräte. https://www.impulse.de/management/unternehmensfuehrung/telefonwarteschleife/135193.html. Zugegriffen: 04. Februar 2020.

Engel, B., & Meys, S. (2018). Nutzungstrends und Technologieentwicklung in der konvergenten Medienwelt: Ergebnisse aus dem Convergence Monitor 2008 bis 2018. *Media Perspektiven, 2018*(11), 532–543.

Esch, F.-R. (2018). *Strategie und Technik der Markenführung* (9. Aufl.). München: Vahlen.

European Union Intellectual Property Office. (2017). Trade mark information: 014012281. https://euipo.europa.eu/eSearch/#basic/1+1+1+1/014012281. Zugegriffen: 04. Februar 2020.

European Union Intellectual Property Office. (n. d.). Trade mark information: 017592031. https://euipo.europa.eu/eSearch/#details/trademarks/017592031. Zugegriffen: 04. Februar 2020.

Fielmann (2020). Fielmann TV Werbung: Die Service-Expertin. https://youtu.be/ST2oU_OUOvc. Zugegriffen: 04. Februar 2020.

Flecker, J. (2014). *Die Bedeutung von Musik für die Gestaltung von Markenpersönlichkeit.* Wiesbaden: Springer Gabler.

Flensburger Brauerei. (n. d.). Der Flensburger Bügelverschluss. https://www.flens.de/produkte/buegelverschluss/. Zugegriffen: 04. Februar 2020.

Götz, S. (2011). *Corporate Sound: Identifikation wahrgenommener akustischer Dimensionen in der Markenführung.* München: FGM-Verl.

GS1 Germany. (2018). *Chatbots & Voice Commerce: Wie digitale Assistenten das Einkaufserlebnis verändern.* https://www.gs1-germany.de/fileadmin/gs1/basis_informationen/whitepaper_chatbots_und_voice_commerce.pdf. Zugegriffen: 04. Februar 2020.

Haribo. (2011). Haribo Goldbären: Brandneue Werbung mit Thomas Gottschalk 2012. https://www.youtube.com/watch?v=8kHzf5RYnRs. Zugegriffen: 04. Februar 2020.

Herget, A.-K., Schramm, H., & Breves, P. (2018). Development and testing of an instrument to determine musical fit in audio-visual advertising. *Musicae Scientiae, 22*(3), 362–376. https://doi.org/10.1177/1029864917731127

Hermes, V. (2019). Empfangsbereit. *absatzwirtschaft, 2019*(11), 20-22.

Heun, T. (2017). *Werbung.* Wiesbaden: Springer Gabler.

Horizont. (2019). So verschaffen sich Unternehmen Gehör. https://www.horizont.net/marketing/nachrichten/corporate-podcasts-so-verschaffen-sich-unternehmen-gehoer-175431. Zugegriffen: 04. Februar 2020.

Hörner, T. (2019). *Marketing mit Sprachassistenten. So setzen Sie Alexa, Google Assistant & Co strategisch erfolgreich ein.* Wiesbaden: Springer Gabler.

Ilg, P. (2018). Sounddesign: Wie sollen Elektroautos klingen? https://www.zeit.de/mobilitaet/2018-07/sounddesign-eu-elektroautos-warnsysteme-lautstaerke-pflicht. Zugegriffen: 04. Februar 2020.

Kaltenhäuser, Y. (2018). *Weltweit audiovisuell werben.* Hamburg: Kovač.

Ketchup Music. (n. d.). Referenzen. https://ketchup-music.com/#/shop/home?page=~'referenzen-kunden-die-uns-vertrauen. Zugegriffen: 04. Februar 2020.

Kilian, K. (2012). Akustische Markenkommunikation mit facettenreichem Klangspektrum. *Media Spectrum, 2012*(4–5), 30–31.

Kilian, K. (2007a). Akustik als klangvolles Element multisensualer Marken-kommunikation. In K. Bronner & R. Hirt (Hrsg.), *Audio-Branding: Entwicklung, Anwendung, Wirkung akustischer Identitäten in Werbung, Medien und Gesellschaft* (S. 226–241). München: Reinhard Fischer.

Kilian, K. (2007b). Von der Markenidentiät zum Markenklang als Markenelement. In K. Bronner & R. Hirt (Hrsg.), *Audio-Branding: Entwicklung, Anwendung, Wirkung akustischer Identitäten in Werbung, Medien und Gesellschaft* (S. 54–69). München: Reinhard Fischer.

Kilian, K. (2016c). Multisensuales Markendesign als Basis ganzheitlicher Marken-kommunikation. In A. Florack, M. Scarabis & E. Primosch (Hrsg.), *Psychologie der Markenführung* (2. Aufl., S. 323–356). München: Vahlen.

Kirchgeorg, M., Springer, C., & Brühe, C. (2009). *Live Communication Management: Ein strategischer Leitfaden zur Konzeption, Umsetzung und Erfolgskontrolle.* Wiesbaden: Gabler.

Lehmann, M. (2007). Die Stimme im Markenklang. In K. Bronner & R. Hirt (Hrsg.), *Audio-Branding: Entwicklung, Anwendung, Wirkung akustischer Identitäten in Werbung, Medien und Gesellschaft* (S. 93–98). München: Reinhard Fischer.

Lehmann, M., & Westermann, C.-F. (2018). Corporate Sound und Branding. In M. Beyrow, P. Kiedaisch & B. Klett (Hrsg.), *Corporate Identity & Corporate Design 4.0: Das Kompendium* (Komplette Neuausg., S. 124–137). Stuttgart: avedition.

Lindstrøm, M. (2011). *Brand Sense: Warum wir starke Marken fühlen, riechen, schmecken, hören und sehen können.* Frankfurt am Main: Campus.

Mai, L., Meinzer, N., & Schröter, C. (2019). Radio- und Audionutzung 2019: Standort-bestimmung anhand der Studienreihen ARD/ZDF-Massenkommunikation Trends und der ARD/ZDF-Onlinestudie. *Media Perspektiven, 2019*(9), 406–420.

Marketing Resultant. (2018). *Chatbots & AI im Customer Service.* https://marketing-resultant.de/wp-content/uploads/eBook_Chatbots_FEB2018-1.pdf. Zugegriffen: 04. Februar 2020.

Metaprofiler (2019): Conversation Branding Studie. Wie warden Bots und Voices zum Markenerlebnis? https://metaprofiler.com/ Zugegriffen 04.02.2020

myShopradio. (n. d.). Tamaris: Der Sound zur Marke. https://myshopradio.de/referenzen.html. Zugegriffen: 04. Februar 2020.

North, A. C., Sheridan, L. P., & Areni, C. S. (2016). Music congruity effects on product memory, perception, and choice. *Journal of Retailing, 92*(1), 83–95. https://doi.org/10.1016/j.jretai.2015.06.001

Paulmann. (n. d.). Tipp TV Beleuchtung. https://de.paulmann.com/beratung/licht-montieren/tipp-tv-beleuchtung/. Zugegriffen: 04. Februar 2020.

Peter Pane. (n. d.). Peters Hörspiel. https://www.peterpane.de/peters-hoerspiel. Zugegriffen: 04. Februar 2020.

Porsche. (n. d.). 718 Cayman Modelle. https://www.porsche.com/germany/models/718/718-cayman-models/. Zugegriffen: 04. Februar 2020.

Radiopark. (n. d.). Clients. https://radiopark.de/clients/. Zugegriffen: 04. Februar 2020.

Rewe. (n. d.). Der REWE-Assistent: Kochhilfe, Einkaufsliste und Shopping-Begleitung zugleich! https://www.rewe.de/rezepte-ernaehrung/voice-assistant. Zugegriffen: 04. Februar 2020.

Ringe, C. (2007). Popstars für Marken. In: K. Bronner & R. Hirt (Hrsg.), *Audio-Branding: Entwicklung, Anwendung, Wirkung akustischer Identitäten in Werbung, Medien und Gesellschaft* (S. 176–189). München: Reinhard Fischer.

Rösing, H. (1993). Musik im Alltag. In H. Bruhn, R. Oerter & H. Rösing (Hrsg.), *Musikpsychologie: Ein Handbuch* (S. 113–129). Reinbek bei Hamburg: Rowohlt.

Schramm, H. (2014). *Mood Management durch Musik: Die alltägliche Nutzung von Musik zur Regulierung von Stimmungen*. Köln: Halem.

Schramm, H., & Spangardt, B. (2016). Wirkung von Musik in der Werbung. In G. Siegert, W.r Wirth, P. Weber & J. A. Lischka (Hrsg.), *Handbuch Werbeforschung* (S. 433–449). Wiesbaden: Springer VS.

Schröder, P. (n. d.). Udo Jürgens – Mehr als nur vier Wände (OBI für Mitarbeiter). https://www.udofan.com/index.php?page=OpusMedium&mediumID=459&releaseID=807. Zugegriffen: 04. Februar 2020.

Schüco. (2017). Schüco Imagefilm. https://youtu.be/dYrMRd4DSkU. Zugegriffen: 04. Februar 2020.

Schulze, J. (2020). Déjà-entendu an allen Bahnhöfen. https://www.sueddeutsche.de/wirtschaft/deutsche-bahn-neue-sprecher-1.4747014. Zugegriffen: 04. Februar 2020.

Schürmann, M. (2011). *Marketing: In vier Schritten zum eigenen Marketingkonzept* (2. Aufl.). Zürich: vdf-Hochschulverl.

Schwegler, P. (2015). Instore-Funk: Rewe macht sich ein Radio. https://www.wuv.de/medien/rewe_macht_sich_ein_radio. Zugegriffen: 04. Februar 2020.

Seidel, S. (2015). *Musik und Emotionen: Die Rolle der Musik am Point of Sale und deren Einfluss auf das Kaufverhalten*. Hochschule Mittweida.

SLN! Media Group. (2017). Deutsche Telekom. https://youtu.be/XuxgVBtKQ_0. Zugegriffen: 04. Februar 2020.

Statista. (2019). Dossier Kinowerbung. https://de.statista.com/statistik/studie/id/65921/dokument/kinowerbung/. Zugegriffen: 04. Februar 2020.

Steiner, P. (2017). *Sensory Branding: Grundlagen multisensualer Markenführung* (2. Aufl.). Wiesbaden: Gabler.

Stewart, K., Koh, H. E. (2017). Hooked on a feeling: The effect of music tempo on attitudes and the mediating role of consumers' affective responses. *Journal of Consumer Behaviour*, *16*(6), 550–564. https://doi.org/10.1002/cb.1665

Stores + Shops. (2019). Individuelle Musikprogramme für das Einkaufszentrum Mira. https://www.stores-shops.de/konzept/marketing/individuelle-musikprogramme-fuer-einkaufszentrum-mira/. Zugegriffen: 04. Februar 2020.

Tamaris (2015): Trendige Tamaris Schuhe. https://youtu.be/yjx4hsJ1Kr0. Zugegriffen 04.02.2020

Toninsel. (2014). Hornbach: Soundlogo-Analyse. www.toninsel.de/hornbach-soundlogo-analyse. Zugegriffen: 04. Februar 2020.

Traindl, A. (2010). Store Branding für alle Sinne: Neurowissenschaftliche Erkenntnisse und praxisrelevante Anregungen für eine wirkungsvolle multisensuale Kommunikation am Point of Sale. In M. Bruhn & R. Köhler (Hrsg.), *Wie Marken wirken: Impulse aus der Neuroökonomie für die Markenführung* (S. 280–296). München: Vahlen.

Vermeulen, I.; Beukeboom, C. J. (2016): Effects of music in advertising: Three experiments replicating single-exposure musical conditioning of consumer choice (Gorn 1982) in an individual setting. *Journal of Advertising*, *45*(1), 53–61. https://doi.org/10.1080/00913367.2015.1088809

Volkswagen. (2019). Der Sound der Elektromobilität: ID.3 macht mit eigenem Fahr-geräusch   auf   sich   aufmerksam.   https://www.volkswagen-newsroom.com/de/pressemitteilungen/der-sound-der-elektromobilitaetid3-macht-mit-eigenem-fahrgeraeusch-auf-sich-aufmerksam-5665. Zugegriffen: 04. Februar 2020.

von Gyldenfeldt, B. (2009). Flensburger mit neuem „Plopp". https://www.welt.de/regionales/hamburg/article5144840/Flensburger-mit-neuem-Plopp.html.   Zugegriffen: 04. Februar 2020.

Weissenhaus. (2020). Weissenhaus Grand Village Resort & SPA am Meer. https://youtu.be/hgGW3C3BOik. Zugegriffen: 04. Februar 2020.

why do birds. (2018). Siemens Brand Sound. https://vimeo.com/219360440. Zugegriffen: 04. Februar 2020.

Widmer, R. (2017). Warum klingelt das iPhone mit "Marimba"? https://www.srf.ch/radio-srf-3/digital/warum-klingelt-das-iphone-mit-marimba. Zugegriffen: 04. Februar 2020.

Zalando. (2017). Zalando bringt Geschenkefinder für Google Assistant auf den Markt. https://www.rewe.de/rezepte-ernaehrung/voice-assistant. Zugegriffen: 04. Februar 2020.

Zippo. (2018). Zippo celebrates its signature 'click' as sound trademark is secured. https://www.zippo.com/blogs/news/zippo-celebrates-its-signature-click-as-sound-trademark-is-secured. Zugegriffen: 04. Februar 2020.

Printed in the United States
By Bookmasters